Tu turno
Cuaderno de práctica

www.mheonline.com/lecturamaravillas

Mc
Graw
Hill
Education

Copyright © McGraw-Hill Education

Send all inquiries to:
McGraw-Hill Education
Two Penn Plaza
New York, New York 10121

Printed in the United States of America.

9 10 LOV 23 22 21

Contenido

Unidad 1 • Cambios

Contenido

Unidad 2 · Excursiones a través del tiempo

Contenido

Unidad 3 · ¡Logros!

Contenido

Unidad 4 · Retos

Contenido

Unidad 5 · Descubrimientos

Contenido

Unidad 6 · ¡Manos a la obra!

Nombre _____

atroz	incredulidad	obstinado	percepción
escasear	sonreír	torcido	revolucionar

Completa cada oración con la palabra que se indica.

1. **(atroz)** El terremoto _____

_____ .

2. **(escasear)** En regiones con un acceso limitado al agua _____

_____ .

3. **(incredulidad)** Cuando dijo eso, _____

_____ .

4. **(sonreír)** Mi abuela siempre dice _____

_____ .

5. **(obstinado)** Carlos _____

_____ .

6. **(torcido)** El cuadro que está junto a la puerta _____

_____ .

7. **(percepción)** Si no estamos de acuerdo _____

_____ .

8. **(revolucionar)** Ese invento _____

_____ .

Nombre _____

Lee la selección. Completa el organizador gráfico para
comparar y contrastar los personajes, el ambiente y la trama.

Personajes

Ambiente

Principio

Desarrollo

Final

Nombre _____

Lee el pasaje. Aplica la estrategia de visualizar para crear
imágenes mentales mientras lees.

UN BUEN COMIENZO

11	Normalmente había tanto bullicio en la cafetería que los ruidos más estridentes pasaban inadvertidos. Ahora, sin embargo, las pisadas de Ale
21	resonaban en el salón semivacío, donde unos pocos estudiantes dispersos
31	hacían lo posible por evitar el contacto visual. "Una convención de lerdos",
43	pensó Ale mientras su mochila aterrizaba con un ruido seco sobre la
55	mesa. Estaba allí fuera del horario escolar para asistir a su primera reunión
68	de "Un buen comienzo", un programa de tutorías para estudiantes con
79	dificultades en alguna materia. Ale pensaba que ese nombre tramposo no
90	engañaba a nadie: "Un buen comienzo" en realidad significaba "pésimo
100	hasta el final".
103	Ale había sido sentenciado a una tutoría en matemáticas porque sus
114	padres, ya de por sí alarmados por sus calificaciones, se inquietaron
125	aún más al notar que se acercaba el Examen Estatal de Aptitud en
138	Matemáticas. ("Un nombre también engañoso", pensaba Ale; "en este
147	caso, debería llamarse Examen de Inaptitud"). Las matemáticas siempre
156	habían sido un suplicio para él. Pero ahora, para coronar su humillación,
168	su hermanita, dos años menor, iba adelantada en su clase y estaba
180	estudiando el mismo tema de matemáticas que él.
188	Ale hurgó en su mochila, desenterró el formulario de inscripción y se
200	puso a juguetear con él. Es lo que solía hacer con cualquier papel cuando
214	estaba nervioso. Abstraído, dobló varias veces el papel y lo oprimió hasta
226	dejar marcado el pliegue. Luego rasgó una tira, apoyando la hoja contra el
239	borde la mesa. El resultado fue un cuadrado casi perfecto… ideal para uno
252	de los pasatiempos favoritos de Ale: el origami.
260	Comenzó a doblar el papel para formar el pájaro básico, una de las
273	figuras de origami más comunes. Marcando los dobleces con la uña del
285	pulgar, Ale formó un triángulo y algunos pliegues. Pronto terminó el
296	pájaro, y ya estaba a medio camino de la grulla. Estaba tan absorto que no
311	escuchó las pisadas de alguien que se acercaba a su mesa.

Nombre _____

—Tú debes ser Ale. Yo soy Sofía —anunció una niña dándole la mano. Sorprendido, Ale arrojó rápidamente su papel plegado a un lado. Sofía continuó:

—Estoy en octavo grado. Cuéntame algo de ti. ¿Qué te gusta hacer?

—¡Cualquier cosa excepto ejercicios de matemáticas! —respondió Ale.

—Bueno, imagino que por eso estás aquí —replicó Sofía con una risita—. A mí tampoco me gustaban las matemáticas.

Ale se dio cuenta de que Sofía estaba haciendo un esfuerzo por hacerlo sentir más cómodo, de modo que le concedió una breve sonrisa.

—¿Y cómo empezaron a gustarte? —preguntó con cortesía.

—Aunque no lo creas, fue por la banda de música. Me di cuenta de que contar compases y llevar un ritmo es pura matemática. Eh, ¿qué estás ocultando? —le dijo en tono juguetón mientras estiraba la mano para tomar la figura de papel.

—No es nada todavía, pero lo será pronto —explicó Ale.

Con dedos veloces, siguió plegando el papel.

—¡Ta-tán! ¡Una grulla! —anunció exhibiendo la figura transformada.

—Es increíble —declaró Sofía, observando atentamente la figura de origami—. ¿Te molesta si la desarmo?

Ale se encogió de hombros y Sofía desarmó con sumo cuidado la grulla hasta que una maravilla geométrica quedó desplegada ante sus ojos. Sofía analizó con entusiasmo la hoja arrugada; Ale levantó las cejas.

—¿No lo ves? ¡Aquí, frente a tus ojos, tienes la mayoría de los contenidos de matemáticas! —Sofía alisó el papel con la palma de la mano—. Haz el primer pliegue —ordenó, y Ale obedeció—. Comenzaste con un cuadrado y creaste dos rectángulos. Y también tienes una fracción: ¡un medio! Pliega otra vez... ¡Magia! Ahora tienes cuatro cuartos. —Sofía señaló el pliegue de arriba—. ¿Qué fracción representa esta solapa?

—¿Un cuarto? —respondió Ale.

—¡Pues claro! Es obvio, ¿no? Busca más papel. ¡Hagamos geometría!

Si la tutoría consistiera en hacer origami, pensó Ale, tal vez sería un buen comienzo después de todo.

Nombre _____

A. Vuelve a leer el pasaje y responde las preguntas.

1. ¿Qué hace Ale al comienzo del cuento? ¿Cuál es su actitud
   frente al programa "Un buen comienzo"? ¿Por qué?

   _____

   _____

2. ¿Qué comienza a hacer Ale a mitad del cuento? ¿Cuál es su
   actitud frente a su pasatiempo?

   _____

   _____

3. ¿Cuál es la actitud de Ale frente a "Un buen comienzo" y a las
   matemáticas al final del cuento?

   _____

   _____

4. ¿En qué se diferencian la actitud de Ale al comienzo del cuento
   y su actitud al final?

   _____

   _____

   _____

   _____

**B. Trabaja con un compañero o compañera. En voz alta, lean
el pasaje durante un minuto. Presten atención a la expresión
y al fraseo. Completen la tabla.**

	Palabras leídas	–	Cantidad de errores	=	Palabras correctas
Primera lectura		–		=	
Segunda lectura		–		=	

La larga escalinata

Hoy es mi primer día de vuelta en la escuela después de fracturarme gravemente el fémur. A decir verdad, después de tres semanas terriblemente aburridas en casa, estoy contento de volver. Ahora observo la imponente escalinata principal de la escuela y cuento los escalones: hay diez en total. Por lo general, subo con rapidez los escalones todos los días, pero ahora la escalinata parece el monte Everest. Subo lentamente: primero las muletas, luego la pierna sana.

—¡Apúrate! La campana ya ha sonado dos veces —exclama Lisa, mi mejor amiga.

—Eso intento, ¡pero no puedo simplemente catapultarme a la entrada! —le respondo, con la frente cubierta de gotas de sudor.

Responde las preguntas acerca del texto.

1. Menciona tres elementos literarios que te permiten saber que este es un texto de ficción realista.

   _____

   _____

2. ¿Quién es el narrador y cuál es su papel en el texto?

   _____

   _____

3. Da un ejemplo de cómo se usa el diálogo para mostrar las emociones del personaje.

   _____

   _____

Nombre _____

Lee cada pasaje. Subraya las claves que sirven para comprender el significado de la palabra en negrilla. Luego, escribe el significado de la palabra en la línea.

1. Las matemáticas siempre habían sido un suplicio para él. Pero ahora, para coronar su humillación, su hermanita, dos años menor, iba **adelantada** en su clase y estaba estudiando el mismo tema de matemáticas que él.

   _____

2. Pronto terminó el pájaro, y ya estaba a medio camino de la grulla. Estaba tan **absorto** que no escuchó las pisadas de alguien que se acercaba a su mesa.

   _____

3. Estaba allí fuera del horario escolar para asistir a su primera reunión de "Un buen comienzo", un programa de **tutorías** para estudiantes con dificultades en alguna materia.

   _____

Ten en cuenta lo que sabes sobre las claves en la oración para explicar la siguiente palabra en una oración: *pasatiempo*. **Asegúrate de incluir claves en la oración que sirvan para explicar el significado de la palabra.**

   _____

   _____

Nombre _____

A. Lee el siguiente borrador. Las preguntas te ayudarán a pensar en cómo agregar un principio interesante.

Borrador

Estaba descendiendo a la base del Gran Cañón. Hacía frío y la neblina nos envolvía. Los acantilados empinados se alzaban en línea recta sobre nosotros.

---

1. ¿Por qué el narrador está en el Gran Cañón?

2. ¿Qué problema podrías contar o sugerir para hacer el principio más interesante?

3. ¿Hay alguien más con el narrador?

4. ¿Qué ve y qué percibe el narrador mientras desciende?

B. Ahora, revisa el borrador y agrega detalles que capturen la atención del lector y despierten su curiosidad sobre el paseo del narrador.

_____

_____

_____

_____

_____

_____

_____

_____

_____

Nombre _____

El estudiante que escribió los párrafos de abajo usó evidencias del texto de dos fuentes para responder a la instrucción: *Escribe un correo electrónico de Alberto a un amigo o amiga en el que le cuenta sobre su nueva tableta y sobre una historia que leyó,* Esperanza renace.

Karina:

¡Me encanta mi nueva tableta electrónica! Tiene millones de herramientas útiles que me ayudan a comprender lo que leo. ¿Tú ya tienes la tuya?

Al principio, no me gustaba la idea de cambiar mis libros por una tableta. ¿Cómo podrían todos caber en ella? Pero descubrí que es muy interesante. Por ejemplo, si no sé el significado de una palabra, puedo presionar mi dedo sobre ella y me lo da. Además, ya no necesito usar un señalador. ¡La tableta sabe en qué página me había quedado!

El primer libro que leí en mi tableta fue *Esperanza renace*. Es una historia sobre una niña mexicana que es obligada a abandonar su tierra para venir a Estados Unidos. Al principio es triste porque su papá muere y ella y su madre deben aprender a vivir una vida distinta. Pero con el tiempo, Esperanza aprende nuevas cosas. De a poco va adaptándose a las situaciones que la vida le presenta. Yo creo que es una historia muy bonita y que contiene un valioso mensaje: no importa lo que la vida te depare, si tienes esperanza y voluntad, podrás superarlo todo.

Te mando un beso,

Alberto

Vuelve a leer el pasaje. Realiza los siguientes ejercicios.

1. ¿Qué opina Alberto sobre la tableta electrónica? **Encierra en un círculo** las oraciones que se utilizan para crear un principio interesante.

2. ¿Por qué cree Alberto que la tableta es útil? **Encierra en un recuadro** los detalles que se utilizan para apoyar este argumento.

3. ¿Qué opina Alberto sobre *Esperanza renace*? **Subraya** la oración que expresa la conclusión de su argumento.

4. Escribe en la línea una oración exclamativa que Gen usa en el texto.

_____

_____

Nombre _____

| esconder | encierro | recuperar | adversidad |
| evocar | alargado | causar | alianza |

Completa cada oración con la palabra que se indica.

1. **(esconder)** Para que mi hermana no lo viera, _____

_____ .

2. **(evocar)** A mis abuelos les gustaba _____

_____ .

3. **(encierro)** Después de estar todo el día dentro de casa, _____

_____ .

4. **(alargado)** El cuello de las jirafas _____

_____ .

5. **(recuperar)** El buzo _____

_____ .

6. **(causar)** Los tornados _____

_____ .

7. **(adversidad)** Los buenos amigos _____

_____ .

8. **(alianza)** Los candidatos _____

_____ .

Nombre _____

Lee la selección. Completa el organizador gráfico de personajes, ambiente y secuencia de la trama.

Personajes
Ambiente
Problema
Suceso
Suceso
Solución

Nombre _____

Lee el pasaje. Aplica la estrategia de visualizar para crear imágenes mentales mientras lees.

Aprecio

13	Era el primer día de clases en una comunidad de Nebraska, y a Hermann no le faltaban motivos para estar nervioso. ¡Casi no recordaba
24	lo que era ir a la escuela!
31	Pero no siempre había sido así. Cuando vivía en la ciudad de Nueva
44	York había sido un buen estudiante. Sin embargo, durante el año escolar
56	de 1882, su padre había caído enfermo y Hermann debió dejar la escuela
69	para ayudar a su familia. Cuando su padre se recobró lo suficiente como
82	para que Hermann volviera a la escuela, hizo un anuncio: la familia iba
95	a mudarse a Nebraska para dedicarse a la agricultura, la actividad que
107	realizaba en su país natal.
112	La vida en Nebraska resultó ser extremadamente ardua, y mantenía
122	a Hermann y a su padre ocupados de la mañana a la noche. Primero
136	tuvieron que reforzar las paredes de su casa de tepe, hechas con recortes
149	del suelo, para que no colapsara. Luego, para frenar el viento, debieron
161	sellar las grietas que trepaban por las paredes, y finalmente fue momento
173	de arar la tierra, sembrar y ocuparse de los cultivos. Desafortunadamente,
184	la atención y el esfuerzo que se necesitaban para asegurar que no faltara
197	comida en la mesa no le dejaron tiempo a Hermann de asistir a la escuela.
212	Sin embargo, en el otoño de 1884, su padre tomó una decisión. Quería
225	que Hermann volviera a la escuela, porque creía que la vida de un pionero
239	agricultor era muy dura, y no deseaba que su hijo tuviera una vida tan
253	ardua como la suya.
257	Mientras recorría las tres millas polvorientas que lo separaban de la
268	escuela, Hermann se iba poniendo cada vez más nervioso. ¿Haría nuevos
279	amigos? ¿Lograría ser un buen estudiante? En la ciudad siempre había
290	alguien con quien hablar, pero aquí no había nadie, y la región parecía
303	muy inhóspita. Al atravesar el paisaje desolado, Hermann se sintió solo.
314	Lo único que se oía era el sonido ocasional del viento susurrando o de los
329	coyotes aullando.

Nombre _____

Cuando Hermann llegó a la escuela, que tenía un solo salón, ya todos estaban dentro. El último resquicio de confianza que le quedaba se esfumó al pasar por la puerta.

Escuela de un solo salón, con una maestra y sus estudiantes

—Tú debes ser Hermann —dijo una mujer joven—. Soy tu maestra, la señorita Peal.

La señorita Peal señaló un asiento en el otro extremo del salón. Mientras se dirigía hacia allí, Hermann sintió todas las miradas posadas en él, y hasta creyó escuchar una risita ahogada. De pronto tropezó; sus compañeros no pudieron disimular más y soltaron una risotada. Cuando Hermann logró por fin llegar a su asiento, tenía el rostro rojo como un tomate y se sentía completamente avergonzado.

—¡Clase, por favor! —dijo la señorita Peal con voz cortante. Luego sonrió amablemente—. No te preocupes, no te has perdido de nada —dijo en tono reconfortante—. Recién les pedí a los estudiantes que leyeran en voz alta y deletrearan algunas palabras para formar parejas de estudio.

Cuando le llegó el turno de leer, Hermann tartamudeó, porque hacía mucho que no iba a la escuela. Al final, no le sorprendió que le asignaran como compañera a Rosa, una niña callada que tendría tres o cuatro años menos que él.

Sin que Hermann se diera cuenta, se hizo la hora del almuerzo. Hermann se sentó lejos de los otros estudiantes y sacó un poco de pan y queso de un pequeño saco. Entonces vio que Rosa estaba sentada sola y lo miraba tímidamente. Y se dio cuenta.

—¿Tienes hambre? —le preguntó a Rosa. Como ella asintió con la cabeza, él le dijo—: Ven, compartamos la comida.

—¡Y a cambio yo te ayudaré! —dijo ella.

Rosa devoró la comida que Hermann le había dado y luego se puso a hojear su libro. Finalmente encontró la página que estaba buscando.

—Deletrea la palabra *aprecio* y úsala en una oración.

Hermann deletreó lentamente la palabra y luego sonrió.

—Aprecio tu ayuda —dijo.

—Yo también —dijo Rosa sonriendo tímidamente.

Por fin, Hermann se sentía un poco más a gusto. Aunque no había sido un primer día perfecto, ese año parecía muy prometedor.

Nombre _____

A. Vuelve a leer el pasaje y responde las preguntas.

1. ¿Cuál es el problema de Hermann en el primer párrafo?

_____

2. Menciona tres palabras de secuencia que te permiten entender el orden de los sucesos del tercer párrafo.

_____

3. ¿Cuál es la solución al problema de Hermann? Menciona tres sucesos que llevan a esa solución.

_____

_____

_____

B. Trabaja con un compañero o compañera. En voz alta, lean el pasaje durante un minuto. Presten atención a la entonación. Completen la tabla.

	Palabras leídas	–	Cantidad de errores	=	Palabras correctas
Primera lectura		–		=	
Segunda lectura		–		=	

Nombre _____

1848: Los derechos de las mujeres

Corría el año 1848. Molly Simpson viajó desde su hogar en Baltimore a la Convención de Seneca Falls, una asamblea para debatir sobre los derechos de las mujeres realizada en Nueva York. Molly tuvo el honor de presentar las declaraciones inaugurales del evento, y se dirigió a sus compañeras sufragistas: "Estamos hoy aquí reunidas porque queremos los mismos derechos y las mismas oportunidades que los hombres. Queremos el voto; queremos ir a la universidad y tener un título profesional. ¡Algún día podríamos llegar a ser funcionarias!". La multitud la aclamó.

Responde las preguntas acerca del texto.

1. ¿De qué manera el ambiente te permite saber que este es un texto de ficción histórica?

   _____

   _____

2. ¿Quién es el personaje principal del texto? ¿Cuál es su propósito en el texto?

   _____

   _____

3. ¿Cuáles son los tres sucesos principales mencionados en el texto y en qué orden suceden?

   _____

   _____

4. ¿Qué ilustración podría agregarse para presentar detalles del momento histórico y reforzar la trama?

   _____

   _____

Nombre _____

Lee cada pasaje. Subraya las claves que sirven para comprender el significado de la palabra en negrilla. Luego, escribe el significado de la palabra en la línea.

1. Sin embargo, durante el año escolar de 1882, su padre había caído enfermo y Hermann debió dejar la escuela para ayudar a su familia. Cuando su padre **se recobró** lo suficiente como para que Hermann volviera a la escuela, hizo un anuncio.

   _____

2. Quería que Hermann volviera a la escuela, porque creía que la vida de un pionero agricultor era muy dura, y no deseaba que su hijo tuviera una vida tan **ardua** como la suya.

   _____

3. En la ciudad siempre había alguien con quien hablar, pero aquí no había nadie, y la región parecía muy **inhóspita**.

   _____

4. Mientras se dirigía hacia allí, Hermann sintió todas las miradas posadas en él, y hasta creyó escuchar una risita **ahogada**. De pronto tropezó; sus compañeros no pudieron disimular más y soltaron una risotada.

   _____

5. Primero tuvieron que reforzar las paredes de su casa de tepe, hechas con recortes del suelo, para que no **colapsara**.

   _____

Nombre _____

A. Lee el siguiente borrador. Las preguntas te ayudarán a pensar palabras expresivas que puedes agregar para crear una imagen más clara de lo que sucede.

Borrador

En el huerto, Hester y John se encontraron con los aterradores soldados. John quería irse, pero Hester le regaló a cada soldado una rica manzana.

---

1. ¿Qué momento del día es? ¿Sería más aterrador el huerto si fuera de noche?

2. ¿Por qué están allí los soldados? ¿Qué palabras puedes agregar para describir por qué son aterradores?

3. ¿Qué palabras expresivas puedes usar para describir lo que sienten John y Hester sobre los soldados?

4. ¿Por qué Hester les dio manzanas a los soldados? ¿Qué palabras puedes agregar para que quede más claro?

B. Ahora, revisa el borrador. Agrega palabras y frases precisas y descriptivas que ayuden al lector a visualizar lo que sucede en el huerto.

_____

_____

_____

_____

_____

_____

_____

Nombre _____

El estudiante que escribió los párrafos de abajo usó evidencia del texto de dos fuentes para responder a la instrucción: *¿Qué alianza crees que fue mejor para los personajes: la alianza de Homer y Harold o la alianza de la gente y el combatiente muerto en "Masa"?*

Si bien Homer y Harold lucharon por sus vidas en un campo de batalla, la alianza del combatiente muerto y la gente fue mejor que la alianza de Homer y Harold. Para empezar, Harold no tenía una alianza con su hermano menor. Harold sabía que su tío lo había enrolado y que era una trampa, pero decidió ir a la guerra de todas formas. Ya no quería vivir en la granja y cuidar a Homer. Además, en realidad, Homer no salvó a Harold. Homer lo fue a buscar al campo de batalla, pero Harold habría sobrevivido sin él. Como el coronel Chamberlain había ofrecido a los prisioneros la libertad si luchaban, Harold habría logrado escapar de la prisión.

En el poema "Masa" también se habla de una batalla. Pero, en este caso, el protagonista está muerto. De a poco, diferentes personas van acercándose para pedirle que no muera o que vuelva a la vida. Sin embargo, "el cadáver... siguió muriendo". Solo cuando todos los hombres de la Tierra se reunieron a su alrededor, el combatiente, emocionado, se incorporó y "echóse a andar". Cuando todas las personas trabajan juntas ante un mismo fin, son capaces de derrotar hasta la muerte misma. Esa alianza es la mejor.

Vuelve a leer el pasaje. Realiza los siguientes ejercicios.

1. ¿Cuál es la opinión del autor? **Encierra en un círculo** la oración que se utiliza para introducir el argumento.

2. ¿Cómo apoya su opinión el autor? **Encierra en un recuadro** los detalles de apoyo que utiliza el autor.

3. **Subraya** un ejemplo de una elección de palabras expresivas.

4. Escribe en la línea el sujeto y el predicado simple de la siguiente oración: De a poco, diferentes personas van acercándose para pedirle que no muera o que vuelva a la vida.

_____

Nombre _____

> sumergido   envolver   moverse   clasificación
>
> compartimento   oscurecer   flanquear   especie

Completa cada oración usando la palabra que se indica.

1. **(clasificación)** El profesor _____

_____ .

2. **(compartimento)** El equipo de buceo _____

_____ .

3. **(envolver)** Le compré un libro a mi mamá y lo quiero _____

_____ .

4. **(flanquear)** Los guardias de seguridad _____

_____ .

5. **(moverse)** Los peces tienen aletas _____

_____ .

6. **(oscurecer)** A medida que se acercaba la tormenta, _____

_____ .

7. **(especie)** Los exploradores querían saber si el extraño insecto ____

_____ .

8. **(sumergido)** Los buzos _____

_____ .

Nombre _____

Lee la selección. Completa el organizador gráfico de idea principal y detalles clave.

Idea principal
Detalle
Detalle
Detalle

Nombre _____

Lee el pasaje. Aplica la estrategia de volver a leer para comprender datos nuevos o información compleja.

Descubrimientos asombrosos

11	¿Has visto alguna vez árboles con vainas que estallan? ¿O plantas que se alimentan de ratas? ¿Realmente existen esas especies? Pareciera
21	que sabemos mucho de nuestro planeta, pero cada año los científicos
32	descubren nuevas especies de plantas. Estos descubrimientos nos permiten
41	saber cosas nuevas acerca de la adaptación de las plantas a su hábitat.

54 **El descubrimiento del Jardín Botánico de Kew**

61 El Jardín Botánico de Kew, en Inglaterra, es conocido tanto por sus
73 jardines como por sus investigaciones. Los botánicos que trabajan allí
83 recorren el mundo en busca de nuevas especies de plantas. En 2009
95 hicieron cientos de grandes descubrimientos, entre los que se cuentan
105 varias especies de plantas de los bosques tropicales de África occidental.
116 Una de las plantas que descubrieron es una especie de palmera que
128 nunca antes había sido registrada, a la que los botánicos llamaron *Berlinia*
140 *korupensis*, por el parque nacional en el que fue hallada.

150 *Berlinia korupensis* es un árbol inusual. Es tan alto que su copa sube a
164 140 pies de altura por entre el follaje del bosque. Además, tiene un extraño
178 método para liberar sus semillas.

183 Las plantas esparcen sus semillas de varias maneras. Algunas semillas
193 son arrastradas por el viento o flotan en el agua. Otras son trasladadas por
207 pájaros u otros animales. Algunas semillas llegan al suelo a través de los
220 excrementos de los animales. Otras tienen una dura corteza exterior que
231 se abre gracias al fuego o con el paso del tiempo. Las bellas flores blancas
246 de esta palmera se convierten en vainas de un pie de largo, que contienen
260 dos o tres semillas. Cuando las vainas se abren, lanzan las semillas al aire,
274 veloces como misiles.

Nombre _____

Los bosques tropicales son sitios complicados para la supervivencia de las plantas. Los árboles y otras clases de plantas compiten por la luz del sol. Todos intentan alcanzar la parte superior del follaje. Como las semillas de este árbol caen lejos, no compiten con el árbol que las soltó por la luz del sol. Esto les brinda a las semillas una buena oportunidad de desarrollarse en este ecosistema.

La planta trampera devoradora de ratas

En 2009, otros botánicos hicieron un extraño descubrimiento. Estaban explorando la geografía de una región montañosa de Filipinas porque

El nombre científico de la planta trampera devoradora de ratas es *Nepenthes attenboroughii*.

habían escuchado a varios misioneros hablar de una rara planta trampera que crecía allí. Los botánicos la descubrieron cerca de las remotas cumbres de las montañas. Se trataba de una de las especies de plantas tramperas más grande del mundo, tan grande que podía digerir una rata.

Las plantas carnívoras necesitan un mecanismo para atrapar a sus presas, digerirlas y procesar lo que han comido. Esta planta tiene un aroma dulce que atrae a las presas. Tiene un conducto largo donde caen los insectos y otros animales, tan grande que en él caben una rata o un ratón. En su interior, unas nervaduras pegajosas evitan que el animal se escape. Luego, los químicos que se encuentran en la base del conducto lo digieren.

Todas las plantas necesitan nitrógeno para vivir. En la mayoría de los casos, lo absorben del suelo a través de las raíces. Sin embargo, estas plantas tramperas crecen en un suelo arenoso y rocoso que contiene poco nitrógeno. Para sobrevivir, deben obtener nitrógeno de otro lado. ¡Y lo obtienen de los animales que "comen"!

Algunos llaman "devoradora de ratas" a esta planta. Hay quienes afirman que es una de las diez plantas más peligrosas del planeta.

Más allá de esos detalles, el director del Jardín Botánico de Kew señala: "Hay mucho por descubrir en el mundo de las plantas". Y podría agregar: "Y a nosotros nos queda mucho que aprender".

Nombre _____

A. Vuelve a leer el pasaje y responde las preguntas.

1. ¿Cómo se conectan los detalles del primer párrafo de la sección "La planta trampera devoradora de ratas"?

   _____

   _____

2. ¿Cómo se conectan los detalles del segundo párrafo de la sección "La planta trampera devoradora de ratas"?

   _____

   _____

3. ¿Cómo se conectan los detalles del tercer párrafo de la sección "La planta trampera devoradora de ratas"?

   _____

   _____

4. ¿Cuál es la idea principal de estos tres primeros párrafos?

   _____

   _____

B. Trabaja con un compañero o compañera. En voz alta, lean el pasaje durante un minuto. Presten atención a la precisión. Completen la tabla.

	Palabras leídas	–	Cantidad de errores	=	Palabras correctas
Primera lectura		–		=	
Segunda lectura		–		=	

Nombre _____

La vida de las plantas acuáticas

Las plantas acuáticas, es decir, que viven debajo del agua, se denominan hidrófitas. Dado que están sumergidas en parte o en su totalidad, las hidrófitas se han adaptado para vivir en el agua. Como los tallos y las hojas no tienen mucha fuerza, las plantas pueden moverse con libertad dentro del agua. Las raíces de las hidrófitas funcionan principalmente como ancla en vez de como medio para obtener nutrientes. Por último, las hojas tienen formas variadas, lo que les permite lograr una máxima absorción y fotosíntesis.

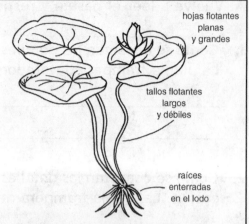

hojas flotantes planas y grandes

tallos flotantes largos y débiles

raíces enterradas en el lodo

El nenúfar es una hidrófita. Las hojas, los tallos y las raíces son adaptaciones para vivir en el agua.

Responde las preguntas acerca del texto.

1. ¿Qué características de los textos expositivos tiene este pasaje?

_____

_____

2. ¿Qué indica el título acerca del tema?

_____

3. ¿Cuál es la idea principal del texto?

_____

_____

4. ¿De qué manera refuerza el diagrama los conceptos del texto?

_____

_____

Nombre _____

Responde las siguientes preguntas sobre palabras con raíces griegas.

1. La palabra *geografía* contiene dos raíces griegas. La raíz *geo* significa "Tierra", y *grafía* significa "dibujo, escritura o representación". ¿Qué crees que significa *geografía* en la siguiente oración?

   Estaban explorando la **geografía** de una región montañosa de Filipinas porque habían escuchado a varios misioneros hablar de una rara planta trampera que crecía allí.

   _____

   _____

2. La palabra *sistema* tiene origen griego, y significa "conjunto organizado". *Eco-* es un prefijo que significa "ambiente". ¿Qué crees que significa *ecosistema* en la siguiente oración?

   Esto les brinda a las semillas una buena oportunidad de desarrollarse en este **ecosistema**.

   _____

   _____

3. Si la *botánica* es el estudio de las plantas, ¿qué es un *botánico*?

   _____

   _____

4. La palabra *método* contiene dos raíces griegas. La raíz *meta* significa "hacia", y *odos* significa "camino". ¿Qué crees que significa *método* en la siguiente oración?

   Además, tiene un extraño **método** para liberar sus semillas.

   _____

   _____

Nombre _____

A. Lee el siguiente borrador. Las preguntas te ayudarán a pensar en cómo enfocarte en el tema y agregar detalles precisos.

Borrador

Hay muchas plantas tropicales raras. ¡Son muy diferentes a las plantas que puedes encontrar en tu patio!

---

1. ¿En qué planta tropical quieres enfocarte?

2. ¿Qué es lo particular de esta planta?

3. ¿Qué detalles ayudarán al lector a visualizar la planta y entender por qué es rara?

B. Ahora, revisa el borrador y enfócate en un tipo de planta tropical. Brinda detalles específicos e interesantes sobre la planta y sobre la razón por la que es rara.

_____

_____

_____

_____

_____

_____

_____

_____

Nombre_____

El estudiante que escribió los párrafos de abajo usó detalles relevantes de dos fuentes para responder a la instrucción: *¿Cómo pueden los exploradores de la profundidades marinas superar los retos de este medioambiente extremo?*

A pesar de las condiciones extremas de las profundidades marinas (oscuridad constante, fuerte presión del agua y temperaturas extremadamente frías) los exploradores pueden investigar las profundidades más oscuras del océano trabajando juntos y usando equipos especiales. Científicos de todo el mundo trabajan juntos para explorar los océanos de la Tierra, que están todos conectados entre sí. Por ejemplo, en el año 2000, miles de científicos comenzaron a realizar el Censo de la Vida Marina para crear una lista de la flora y fauna de los océanos. Como los océanos son tan vastos, los científicos se dividieron en grupos. Muchos exploraron las regiones más superficiales, pero otros exploraron las partes más profundas.

Los científicos también usan equipos especiales que puedan soportar las condiciones extremas de las profundidades del océano. Usan vehículos llamados "batiscafos" para llegar hasta el suelo marino. Los batiscafos tienen un gran vidrio a través del cual se puede mirar, brazos mecánicos, luces, cámaras y equipos de comunicación. Con los brazos mecánicos, los científicos pueden recolectar muestras del océano, y las luces les permiten ver la escena. Si no hubiera luces, ¡los científicos no podrían mirar a través del vidrio! Con las cámaras y las grabadoras de video, los científicos pueden tomar fotografías de los hábitats de las profundidades marinas, donde viven muchas criaturas extrañas.

Vuelve a leer el pasaje. Realiza los siguientes ejercicios.

1. ¿Cuál es el tema de este modelo de escrito? **Encierra en un círculo** la oración que se utiliza para introducir el tema.

2. ¿Cómo apoya el tema el autor? **Encierra en un recuadro** los detalles que apoyan el tema.

3. **Subraya** los detalles enriquecedores que describen mejor este medioambiente extremo.

4. Escribe en la línea una oración coordinada que Tyler usa en el texto.

_____

_____

| precipitarse | hirviendo | pulverizar | documentación |
| ejercer | fragmento | rebosar | cambiante |

Escribe una oración completa para responder cada pregunta.
Incluye la palabra destacada en tu respuesta.

1. ¿Qué material **hirviendo** sale de un volcán?

   _____

2. ¿Por qué debemos tener cuidado con los **fragmentos** de vidrio?

   _____

3. ¿Qué objeto **se precipita** más rápidamente al fondo de una
   alberca: una pelota o una piedra?

   _____

4. ¿Qué sucede cuando **pulverizas** algo?

   _____

5. ¿Dónde puedes encontrar **documentación** histórica?

   _____

6. ¿Cómo se llama la fuerza que **ejerce** el planeta Tierra sobre
   los objetos?

   _____

7. ¿Qué fenómeno natural **cambiante** conoces?

   _____

8. ¿En qué situación dices que un vaso de agua **rebosa**?

   _____

Nombre _____

Lee la selección. Completa el organizador gráfico de idea
principal y detalles clave.

Idea principal
Detalle
Detalle
Detalle

Nombre _____

Lee el pasaje. Aplica la estrategia de volver a leer para identificar la idea principal y los detalles clave.

El monte Santa Helena

El gigante dormido

3	El monte Santa Helena es un volcán. Como si fuera un gigante dormido,
16	permaneció tranquilo durante más de cien años. Pero el 18 de mayo de
29	1980, el gigante despertó con un estallido: un intenso terremoto lo había
41	sacudido.
42	A las 8:32 a. m. de ese día, el vulcanólogo David Johnston llamó a sus
56	colegas del Servicio Geológico de los Estados Unidos (USGS). El USGS
67	había establecido una base en Vancouver, en el estado de Washington,
78	para vigilar la actividad volcánica en la cadena montañosa. Johnston
88	estaba monitoreando el monte Santa Helena desde un campamento de
98	montaña. "¡Vancouver! ¡Vancouver! ¡El volcán ha despertado!", dijo. El
107	monte Santa Helena hizo erupción y provocó uno de los mayores aludes
119	de la historia. La cara norte de la montaña se desprendió con la explosión.
133	Los árboles se encendieron como fósforos. Cincuenta y siete personas
143	murieron, entre ellas, Johnston. Cuando el humo se disipó, se pudo ver
155	que habían desaparecido más de 240 millas cuadradas de bosque.

Señales de advertencia

165	
168	Hubo señales de advertencia. En 1978, los científicos del servicio
178	geológico creyeron que el monte Santa Helena volvería a hacer erupción.
189	El 20 de marzo de 1980 se registró un terremoto bajo la montaña, y tres
204	días después se registró otro. Luego, los temblores se sucedieron como
215	olas. Se registraron aproximadamente 15 por hora. El 25 de marzo, unos
227	pilotos que sobrevolaban el volcán divisaron avalanchas y grietas en los
238	glaciares. Las fuertes sacudidas de la tierra no dejaban dormir al gigante.
250	Las intensas emisiones de humo de abril y mayo condujeron a la gran
263	erupción del 18 de mayo.

Nombre _____

Un laboratorio de la vida real

Peter Frenzen sobrevoló la zona después de la erupción. Frenzen era ecólogo, es decir, un científico que estudia la interacción entre las plantas, los animales y su medioambiente. Todo lo que vio fue un paisaje arrasado por el fuego y un "bosque fantasma" de cenizas. Aun así, Frenzen se sintió entusiasmado, pues el monte Santa Helena podría convertirse en un laboratorio de la vida real.

Frenzen recorrió la zona del estallido y notó que muchas plantas y animales habían sobrevivido. Los animales pequeños que vivían bajo la tierra emergieron de las cenizas. Jerry Franklin, otro científico, señaló que las raíces, los bulbos y las semillas que estaban bajo tierra eran muy importantes para la recuperación de los bosques. Las plantas de montaña que habían sobrevivido

El monte Santa Helena después de su erupción en 1980

crearían nuevos hábitats para los animales. Y era cierto. Grandes áreas de bosque se recuperaron el primer verano después de la erupción.

En 1982, el Congreso creó un área protegida de 110,000 acres en el monte Santa Helena. Se prohibió la tala para permitir la recuperación del bosque. Desde entonces, árboles y plantas han invadido el paisaje. El científico y escritor Tim McNulty ha dicho que el monte Santa Helena es una lección de esperanza. Siempre y cuando dejemos que la naturaleza siga su curso, dice, será un reloj que nunca dejará de funcionar.

Nombre _____

A. Vuelve a leer el pasaje y responde las preguntas.

1. Menciona al menos cuatro detalles clave del tercer párrafo.

_____

_____

_____

_____

2. ¿Cómo se relacionan estos detalles?

_____

_____

3. ¿Cuál es la idea principal del tercer párrafo?

_____

_____

B. Trabaja con un compañero o compañera. En voz alta, lean el pasaje durante un minuto. Presten atención al fraseo y al ritmo. Completen la tabla.

	Palabras leídas	–	Cantidad de errores	=	Palabras correctas
Primera lectura		–		=	
Segunda lectura		–		=	

Nombre _____

El volcán Laki

La mayoría de las personas relaciona una erupción volcánica con fumarolas y lava hirviente. Sin embargo, al tapar el sol, los gases volcánicos tóxicos pueden hacer que la temperatura de la Tierra descienda bruscamente. Durante el invierno que siguió a la erupción del volcán islandés Laki, en 1783, se registraron temperaturas extremadamente frías. A causa del gas tóxico y el frío se perdieron cultivos y ganado. Como consecuencia, muchos islandeses murieron de hambre.

Robert Krimmel/Cascades Volcano Observatory/USGS

Los gases del Laki taparon el sol y llevaron a un helado invierno.

Responde las preguntas acerca del texto.

1. ¿Cómo sabes que este texto es una narrativa de no ficción?

_____

2. ¿Cuál es la idea principal del texto? Menciona dos detalles de apoyo.

_____

_____

_____

_____

3. ¿Cómo mejorarías el título del texto?

_____

_____

4. ¿Qué características del texto tiene el pasaje?

_____

Nombre _____

Responde las siguientes preguntas sobre comparaciones.

1. En el símil "Como si fuera un gigante dormido, permaneció tranquilo", ¿por qué se compara el monte Santa Helena con un gigante antes de la erupción?

   _____

   _____

2. En el símil "Los árboles se encendieron como fósforos", ¿qué fuerza causa que los árboles se enciendan y qué indica el símil sobre esa fuerza?

   _____

   _____

3. ¿Qué explica acerca de los terremotos el símil "Luego, los temblores se sucedieron como olas"?

   _____

   _____

4. ¿Qué explica acerca del volcán la metáfora "Las fuertes sacudidas de la tierra no dejaban dormir al gigante"?

   _____

   _____

Nombre _____

A. Lee el siguiente borrador. Las preguntas te ayudarán a pensar en cómo darle una voz particular al texto.

Borrador

A veces paseo por el pantano cerca de mi casa. Uso botas altas. Veo ranas y árboles en la neblina. Suelo pasear solo. Lo único que oigo son mis pasos en el agua.

---

1. ¿Cómo cambiarías la primera oración para que tenga una "voz", es decir, un estilo y un tono particular?

2. ¿Qué ve y qué oye el narrador en el pantano? ¿Qué podría percibir con el tacto, el gusto o el olfato?

3. ¿Qué palabras ayudarían al lector a comprender cómo se siente el narrador al estar solo en el pantano? ¿Qué descripciones expresivas podrías agregar para reflejarlo?

B. Ahora, revisa el borrador. Agrega palabras y frases que puedan mejorar el estilo y el tono del texto.

_____

_____

_____

_____

_____

_____

_____

_____

_____

Nombre_____

El estudiante que escribió los párrafos de abajo usó detalles relevantes de dos fuentes para responder a la instrucción: *¿Qué opinan Donna O'Meara y el pintor Gerardo Murillo sobre los peligros de su profesión?*

Uno de los requisitos para ser un vulcanólogo es poder manejar situaciones peligrosas. Para Donna O'Meara, el peligro es cosa de todos los días, y para Gerardo Murillo también lo fue, hasta el final de sus días.

La pasión de Donna por la fotogafía y la aventura fue muy superior al miedo a los peligros que implican los volcanes. Como artista, Donna puede capturar extrañas escenas que pocas personas pueden ver. En su primer viaje al volcán Kilauea, en Hawái, se acercó a una saliente para tomar una fotografía de la corriente de lava anaranjada que estaba vertiéndose en el océano. Sabía que si se caía, se "cocinaría en el caldero de lava, mar y vapor" que estaba a sus pies, pero describió la luz como "mágica" y tomó la mejor fotografía de lava de la ciudad.

Al pintor Gerardo Murillo, también conocido como el Dr. Atl, siempre le fascinó la vulcanología. Tras sus estudios, se convirtió en un pintor de volcanes. En 1943 se dirigió a San Juan Parangaricutiro, donde hizo erupción el volcán Paricutín. Durante varios años, el Dr. Atl estuvo cerca de su cráter tomando bocetos para sus cuadros. Allí se lesionó la pierna derecha y más tarde debieron amputársela. Pero Murillo no se vio afectado: afirmó que había sido beneficioso porque de esa manera se quedaría trabajando en ese pueblo.

Incluso tras los peligros a los que Donna y el Dr. Atl se han enfrentado para estar cerca de los volcanes, ambos aman su profesión.

Vuelve a leer el pasaje. Realiza los siguientes ejercicios.

1. ¿Cuál es la idea principal de este modelo de escrito? **Encierra en un círculo** las oraciones que la contienen.

2. ¿Cómo apoya la idea principal el autor? **Encierra en un recuadro** los detalles de apoyo que utiliza el autor.

3. **Subraya** un detalle enriquecedor que muestra un ejemplo del peligro de trabajar en un volcán.

4. Escribe en la línea un ejemplo de oración subordinada que Abby usa en el texto.

_____

Nombre _____

fundamentalmente	fabricado	inventario	factor
disponible	salario	fórmula	fluctuar

Usa las dos palabras de vocabulario en una oración.

1. inventario, disponible

_____

_____

_____

2. fabricado, salario

_____

_____

_____

3. fórmula, fundamentalmente

_____

_____

_____

4. factor, fluctuar

_____

_____

_____

Nombre _____

Lee la selección. Completa el organizador gráfico de punto de vista del autor.

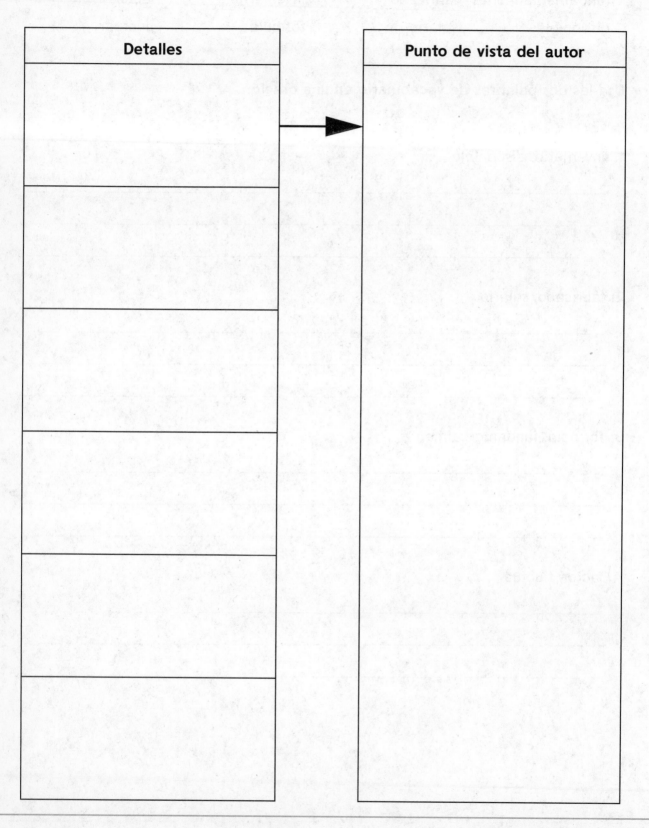

Detalles		Punto de vista del autor
	→	

Nombre _____

**Lee el pasaje. Aplica la estrategia de volver a leer para
comprender las partes difíciles del texto.**

Los vaivenes de la inflación

12	Tanto las ganancias como los gastos, y todo lo relacionado con el dinero, pueden verse afectados por la inflación, lo cual tiene consecuencias
23	importantes en tu estilo de vida.
29	En términos simples, la inflación es el aumento de los precios. Eso
41	quiere decir que con la misma cantidad de dólares ya no puedes comprar
54	tantas cosas. La inflación puede afectar a todo lo que compres: desde una
67	golosina hasta una pelota de fútbol o un carro. ¿Qué ocurriría si recibieras
80	la misma mesada durante dos años? Si el precio de una golosina subiera el
94	segundo año, tendrías que ahorrar más para poder comprarla.

¡Oh! ¿Cómo es posible?

103	
107	Los economistas estudian cómo se produce, se usa y se distribuye la
119	riqueza. Algunos economistas afirman que la inflación se debe a que hay
131	"demasiados dólares para muy pocos bienes". Es decir, según ellos, hay
142	más cantidad de dinero que de bienes.
149	Para comprenderlo mejor, imagina una economía que solo tuviera dos
159	bienes: dinero y patinetas. ¿Qué pasaría si una compañía no pudiera
170	obtener suficientes ruedas para todas las patinetas? Habría menos
179	patinetas a la venta, y tendrían que subirles el precio. Serían más caras.
192	No todos podrían comprar una patineta; lo harían las personas que
203	estuvieran dispuestas a pagar más para obtener una patineta. Esta escasez
214	de patinetas puede llevar a la llamada inflación de costos.
224	Los precios también pueden aumentar si el gobierno decide imprimir
234	mucho dinero. Esto puede causar inflación. Si se pone en circulación una
246	gran cantidad de dinero, el valor de cada dólar cae. Cuando el valor del
260	dólar cae, los precios se vuelven más altos.

Nombre _____

Cuando hay inflación, las personas necesitan más dinero para adquirir bienes y servicios. A veces, los gobiernos imprimen más dinero para pagar sus deudas en lugar de subir los impuestos, y eso produce la inflación. Al haber más dinero, las personas gastan más, y la mayor demanda de bienes y servicios hará que los precios suban.

A veces, las personas contribuyen a la inflación al intentar evitarla. Si tienes un empleo, es posible que pidas un aumento. Tu empleador, entonces, deberá subir los precios de sus productos para pagar salarios más altos, lo cual llevará a que haya más inflación.

Hábitos de consumo en periodos de inflación

La inflación tiene efectos diferentes en las personas, según sus ingresos. Los ingresos de algunas personas no se modificarán; los de otras pueden aumentar, pero no tanto como para ir a la par de la inflación. Estas personas no tendrán suficiente dinero para comprar las mismas cosas de siempre y deberán consumir menos. A veces, la inflación lleva a las personas a endeudarse, es decir, a pedir dinero prestado para cubrir sus necesidades cotidianas.

Si las personas creen que los precios seguirán subiendo, es posible que compren cosas antes de necesitarlas realmente. Si crees que algo que planeabas comprar el año próximo aumentará de precio, tal vez decidas comprarlo ya mismo. Esa forma de pensar puede llevar a la gente a gastar más y a ahorrar menos. Si ahorras ahora y la inflación sube, tu dinero no valdrá lo mismo en el futuro. Un dólar seguirá siendo un dólar. Sin embargo, necesitarás más dólares para comprar lo que deseas y necesitas.

En Estados Unidos, el Comité Federal de Mercado Abierto (FOMC) busca mantener baja la inflación. Esto permite que la economía de Estados Unidos sea fuerte.

La inflación alta puede ser difícil de afrontar tanto para las personas como para las naciones. Los gobernantes intentan controlar la inflación alta, pero frenarla puede ser todo un desafío. La gente no quiere que el gobierno recorte los servicios. La mayoría no quiere que aumenten los impuestos. Pero en algo hay que ceder.

Nombre _____

A. Vuelve a leer el pasaje y responde las preguntas.

1. Según lo que dice el autor en el segundo párrafo, ¿qué pasa cuando hay inflación?

   _____

   _____

2. ¿Los puntos principales que incluye el autor en la primera página son opiniones o están respaldados por evidencia? ¿Las palabras del autor tratan de convencer a los lectores de sentirse de cierta manera?

   _____

   _____

3. En la sección "Hábitos de consumo en periodos de inflación", el autor explica tres maneras en que cambia el consumo durante la inflación. ¿Cuáles son?

   _____

   _____

   _____

4. Teniendo en cuenta la información y los detalles que brinda el autor, y las palabras que usa, ¿cuál es su punto de vista sobre la inflación? ¿Es parcial u objetivo?

   _____

   _____

B. Trabaja con un compañero o compañera. En voz alta, lean el pasaje durante un minuto. Presten atención al ritmo. Completen la tabla.

	Palabras leídas	–	Cantidad de errores	=	Palabras correctas
Primera lectura		–		=	
Segunda lectura		–		=	

Nombre _____

Crea tu propio presupuesto

Para empezar a crear un presupuesto mensual, anota tus posibles ingresos de los trabajos que realizas y de otras fuentes. A continuación, anota lo que planeas gastar en necesidades esenciales (como alimento). Luego, escribe lo que planeas gastar en otras cosas que deseas (como un teléfono nuevo). A fin de mes, escribe tus ingresos y gastos reales. Calcula las diferencias entre tus planes y lo que realmente ganaste y gastaste. ¿Tienes que manejar mejor tu dinero? ¿Tienes que gastar más en lo que necesitas y menos en lo que deseas?

Presupuesto mensual de un estudiante
■ planificado ■ real

Responde las preguntas acerca del texto.

1. ¿Cómo sabes que este es un texto expositivo?

   _____

   _____

   _____

2. ¿Qué características del texto tiene?

   _____

3. ¿El texto tiene un buen título? ¿Por qué?

   _____

   _____

4. ¿Qué información brinda la gráfica de barras?

   _____

   _____

Nombre _____

Lee cada pasaje. Escribe una definición de la palabra en negrilla teniendo en cuenta las claves de contexto y el significado de la palabra de la que deriva.

1. Si tienes un empleo, es posible que pidas un aumento. Tu **empleador**, entonces, deberá subir los precios de sus productos para pagar salarios más altos.

   palabra de la que deriva: emplear

   _____

2. Algunos **economistas** afirman que la inflación se debe a que hay "demasiados dólares para muy pocos bienes".

   palabra de la que deriva: economía

   _____

3. Esta **escasez** de patinetas puede llevar a la llamada inflación de costos.

   palabra de la que deriva: escaso

   _____

4. Los precios también pueden aumentar si el gobierno decide imprimir mucho dinero. Si se pone en **circulación** una gran cantidad de dinero, el valor de cada dólar cae.

   palabra de la que deriva: circular

   _____

5. Los **gobernantes** intentan controlar la inflación alta, pero frenarla puede ser todo un desafío.

   palabra de la que deriva: gobernar

   _____

Nombre _____

A. Lee el siguiente borrador. Las preguntas te ayudarán a pensar en cómo agregar transiciones para conectar las ideas relacionadas.

Borrador

Todos los años reviso mis prendas y separo varias para donar a centros de caridad. Casi nunca uso esas prendas. Otros podrían usarlas.

---

1. ¿Qué oración con la transición *por ejemplo* podrías agregar para hablar de una de las prendas donadas?

2. ¿Cómo puedes usar las transiciones *también, además* o *por otro lado* para agregar una idea similar a una que ya está en el borrador?

3. ¿Qué transición agregarías para explicar por qué el hablante casi nunca usa las prendas? Asegúrate de que la transición conecte una causa y un efecto.

B. Ahora, revisa el borrador y agrega transiciones que conecten ideas relacionadas.

_____

_____

_____

_____

_____

_____

_____

Nombre _____

El estudiante que escribió los párrafos de abajo usó detalles relevantes de dos fuentes para responder a la instrucción: *¿Debe el gobierno tener un papel importante en el manejo de la economía?*

> El gobierno debe tener un papel en el manejo de la economía. Actualmente, la Reserva Federal tiene la función de fijar las tasas de interés; este poder permite que la economía del país funcione como una máquina bien aceitada. Si la Reserva Federal no controlara las tasas de interés, las fuerzas de la oferta y la demanda podrían desequilibrarse y provocar problemas en la economía.
>
> Las fuerzas de la oferta y la demanda pueden verse afectadas por factores que están fuera de nuestro control. Por ejemplo, el mal tiempo puede destruir cultivos y hacer disminuir la cantidad de frutas y verduras que hay disponibles. La baja oferta causa precios más altos. El Gobierno federal puede evitar que los precios suban mucho o muy rápidamente.
>
> Cuando las personas piden dinero prestado, se aplican las tasas de interés. Estas tasas están determinadas por la oferta y la demanda. Cuando las tasas de interés son muy altas, las personas gastan menos dinero, en consecuencia, algunas empresas no ganan lo suficiente para pagarles a sus empleados. Al bajar las tasas de interés, el gobierno ayuda a las personas a hacer compras mayores, en consecuencia, las industrias crecen y dan empleo.

Vuelve a leer el pasaje. Realiza los siguientes ejercicios.

1. ¿Debe el gobierno tener un papel en la economía? **Encierra en un círculo** la oración que introduce la afirmación.

2. ¿Cómo apoya la afirmación el autor? **Encierra en un recuadro** los detalles relevantes que apoyan la afirmación.

3. **Subraya** las palabras de transición que se utilizan para hacer que la relación entre las ideas sea más clara.

4. Escribe en la línea una oración yuxtapuesta que Victor usa en el texto.

_____

_____

_____

Nombre _____

anotación	especia	inscripción	jeroglífico
milenio	rendimiento	descifrar	transmitir

Completa cada oración con la palabra que se indica.

1. (anotación) Para recordar mejor lo que aprendimos en una lección, _____

_____ .

2. (especia) Si queremos que nuestras comidas tengan un buen sabor, _____

_____ .

3. (inscripción) Para saber la razón por la que fue construida una estatua, podemos

leer _____ .

4. (jeroglífico) En el antiguo Egipto _____

_____ .

5. (milenio) En el año 2001 _____

_____ .

6. (rendimiento) Los granjeros estaban contentos por el _____

_____ .

7 . (descifrar) Un criptógrafo es un profesional que se dedica a _____

_____ .

8. (transmitir) Algunas civilizaciones antiguas lograron _____

_____ .

Nombre _____

Lee la selección. Completa el organizador gráfico de problema y solución.

Problema	Solución

Nombre _____

Lee el pasaje. Aplica la estrategia de hacer y responder preguntas antes, durante y después de la lectura de cada sección.

Los misteriosos olmecas

	Los olmecas fueron un pueblo que habitó, aproximadamente entre 1200
10	y 400 a. C., en Mesoamérica. En la actualidad, esa región corresponde a
23	México y América Central. Un gran misterio rodea a los olmecas. Sabemos
35	que crearon calendarios y un sistema de escritura. Pero su lenguaje y su
48	sistema numérico son difíciles de comprender, y solo podemos hacer
58	suposiciones sobre su significado. Los olmecas son muy conocidos por sus
69	inmensas esculturas de piedra; sin embargo, no sabemos qué significado
79	tienen esas esculturas ni por qué fueron creadas. Lo que sí sabemos es
92	que los olmecas tenían una cultura compleja. Podemos ver sus huellas en
104	culturas que se desarrollaron luego, como la maya y la azteca.
115	El nombre *olmeca* significa "pueblo del país del caucho", pues los
126	olmecas vivían donde crecían los árboles del caucho. Al parecer, los
137	olmecas fueron los primeros en procesar esa sustancia. Mezclaban savia de
148	un tipo de enredadera con el líquido lechoso que extraían de los árboles, y
162	con esa mezcla fabricaban pelotas que rebotaban muy alto y que usaban en
175	los juegos de pelota. Posteriormente, otras culturas siguieron la costumbre
185	de jugar juegos de pelota y hallaron nuevos usos para el caucho. Es posible
199	que hoy en día usemos caucho gracias al descubrimiento de los olmecas.

El primer sistema de escritura de América

211	**El primer sistema de escritura de América**
218	Los arqueólogos afirman que los olmecas fueron el primer pueblo de
229	América en crear un sistema de escritura. Sin embargo, los antiguos
240	escritos olmecas son un misterio, pues nadie ha podido descifrar su código
252	de escritura.
254	Los científicos han descubierto en México una roca grabada con
264	inscripciones que datan, aproximadamente, del año 900 a. C. Se hallaron
275	otros dibujos y símbolos en esculturas y en máscaras, y en un bloque
288	de piedra se encontraron 465 grabados. Algo que sí sabemos es que la
301	escritura de los olmecas incluía símbolos de calendario, y que en algunas
313	grandes piedras erguidas se labraban o se dibujaban eventos importantes.

Nombre _____

Cuestión de tiempo

Los calendarios olmecas eran una combinación de dos calendarios. Los sacerdotes tenían un calendario específico de 260 días para las ceremonias. También existía otro calendario, de 360 días, para otros eventos. Los dos calendarios juntos forman el calendario de cuenta larga. Las fechas de la cuenta larga consistían en cinco números básicos formados por líneas y puntos, además del número cero, al que los olmecas representaban con un trazo parecido a una caracola. Los arqueólogos consideran que el cero fue un invento de los olmecas.

El asombroso cero

Los olmecas usaban un sistema numérico vigesimal, es decir, escribían los números del 1 al 19 con símbolos independientes, tal como hacemos en la actualidad con los números del 1 al 9. Para que su sistema funcionara, debían inventar el cero.

En la actualidad comprendemos bien la idea del cero. Sin embargo, la mayoría de los pueblos antiguos no la conocía. Es, en realidad, una idea muy compleja. A veces, el cero cumple la función de marcar una posición para formar otros números. El cero también funciona como número de manera independiente. Los olmecas entendían esta idea.

Esculturas de piedra

En varios sitios arqueológicos olmecas se han hallado enormes cabezas de piedra. Estas extrañas esculturas tienen entre cinco y nueve pies de altura. Todas las imágenes representan rostros aplanados y de expresión seria, y llevan lo que parece ser un casco. Nadie sabe por qué.

Se desconoce el propósito de estas cabezas de piedra. Hay quienes consideran que estas esculturas podrían representar a los gobernantes olmecas. Es probable que en la cultura olmeca existieran varias clases sociales. Posiblemente, los gobernantes, de la clase superior, les encargaran a los artesanos y obreros que cincelaran esas figuras.

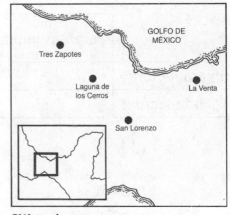

Sitios olmecas

Aún hay mucho que aprender sobre los olmecas. Su sistema de escritura, sus calendarios, sus técnicas de fabricación de caucho y sus manifestaciones artísticas indican que se trataba de una cultura avanzada. Los investigadores deben aún develar muchos misterios sobre los olmecas. Tal vez, sus mayores contribuciones no han sido descubiertas todavía.

Nombre _____

A. Vuelve a leer el pasaje y responde las preguntas.

1. ¿Cómo resolvieron los olmecas el problema del registro
   de las fechas de sus ceremonias y otros eventos?

   _____

   _____

2. ¿Qué problema resolvieron los olmecas al inventar el cero?

   _____

   _____

3. ¿Qué problema afrontan hoy en día los investigadores en
   relación con los olmecas? ¿Cómo podrían resolverlo en el futuro?

   _____

   _____

   _____

   _____

B. Trabaja con un compañero o compañera. En voz alta, lean el pasaje durante un minuto. Presten atención a la precisión. Completen la tabla.

	Palabras leídas	–	Cantidad de errores	=	Palabras correctas
Primera lectura		–		=	
Segunda lectura		–		=	

Nombre _____

La influencia de los moros en Europa occidental

Los moros llegaron a España en el año 711, y permanecieron allí hasta el año 1492. Durante sus 780 años en España, los moros influenciaron la cultura de toda Europa occidental. Produjeron avances en la agricultura y la arquitectura, pero su mayor influencia fue intelectual. Solo en la ciudad de Córdoba construyeron más de setenta bibliotecas. Musulmanes, judíos y cristianos se reunían en las ciudades dominadas por los moros para estudiar filosofía, ciencias y medicina. Cuando los reyes cristianos conquistaron ese territorio, conservaron muchas de las grandes bibliotecas de los moros.

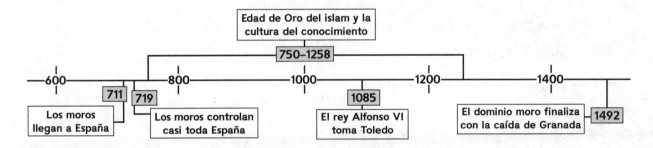

Responde las preguntas acerca del texto.

1. ¿Qué características del texto expositivo aparecen en el pasaje?

_____

_____

2. ¿Qué indica el título sobre el tema del texto?

_____

3. ¿Cómo se desarrolla la idea del título en el texto?

_____

_____

4. Da un ejemplo de cómo con la línea cronológica se refuerza un dato del texto.

_____

_____

Nombre _____

Ten en cuenta las claves de contexto y la información sobre raíces latinas que se da debajo de cada fragmento para averiguar lo que significa la palabra en negrilla. Escribe la definición en la línea.

1. "Nadie ha podido **descifrar** su código de escritura".
   El prefijo latino *des-* indica negación o inversión. La palabra latina *cifra* significa "código o clave". En la oración de arriba, ¿qué significa *descifrar*?

   _____

2. "Los olmecas usaban un sistema numérico **vigesimal**".
   La palabra latina *viginti* significa "veinte". En la oración de arriba, ¿qué significa *vigesimal*?

   _____

3. "Es, en realidad, una idea muy **compleja**".
   El prefijo latino *com-* significa "unión". La palabra latina *plexus* significa "trenzado o entrelazado". En la oración de arriba, ¿qué significa *compleja*?

   _____

4. "Posiblemente, los gobernantes, de la clase superior, les encargaran a los **artesanos** y obreros que cincelaran esas figuras".
   La palabra latina *ars* significa "habilidad". En la oración de arriba, ¿qué significa *artesanos*?

   _____

5. "Los investigadores deben aún **develar** muchos misterios".
   El prefijo latino *de-* o *des-* indica negación o inversión. La palabra latina *velum* significa "cortina". En la oración de arriba, ¿qué significa *develar*?

   _____

Name _____

A. Lee el siguiente borrador. Las preguntas te servirán para pensar en detalles de apoyo que puedes agregar.

Borrador

Los inventores crearon las primeras computadoras para hacer cálculos. Ahora, las personas también usan computadoras para investigar y mantenerse en contacto. Estas máquinas tienen internet y programas procesadores de texto.

---

1. ¿En qué año se inventaron las computadoras?

2. ¿Cuán grandes eran las primeras computadoras? ¿Qué tipo de cálculos hacían?

3. ¿Qué detalles podrían agregarse para explicar cómo y por qué cambiaron las computadoras?

4. ¿Cómo influye en la sociedad el amplio acceso a internet y a los programas procesadores de texto?

B. Ahora, revisa el borrador y agrega detalles de apoyo que le servirán al lector para saber más sobre la manera en que las computadoras cambiaron con el tiempo.

_____

_____

_____

_____

_____

_____

_____

Nombre _____

El estudiante que escribió los párrafos de abajo usó evidencia del texto de dos fuentes para responder a la instrucción: *¿Crees que las obras literarias mencionadas en* La India milenaria *son más o menos importantes que los edictos del rey Asoka mencionados en "El emperador de La Paz"?*

Tanto las obras literarias mencionadas en *La India milenaria* como los edictos de Asoka han sido de gran importancia, no solo para la India, sino para todo el mundo. Por ejemplo, el *Mahabharata* es el mayor poema épico de la literatura mundial; es rico en tradiciones y leyendas, así como en tratados de teología y filosofía. En el *Bhagavad Gita*, su pasaje más conocido, se tratan temas éticos y morales de la religión hinduista. El poema no solo cuenta una historia, sino que, además, enseña normas éticas de conducta. Algo similar ocurre con el *Ramayana*, otro gran poema épico de la India. En este, el héroe Rama simboliza diferentes cualidades como la virtud, el valor y la benevolencia. El protagonista sirve como "un ejemplo de comportamiento recto". Por lo tanto, el *Ramayana* también es más que una historia.

Por otro lado, están los edictos de Asoka, inscripciones que el rey Asoka mandó a grabar en grandes pilares de piedra o columnas. Estos edictos eran leyes dirigidas a todos los ciudadanos del reino, basadas en las enseñanzas del budismo. En ellas, se enseñaba a las personas la compasión hacia los demás seres vivos. Son considerados como "la primera declaración de derechos humanos".

Tanto el *Mahabharata* y el *Ramayana* como los edictos de Asoka constituyen documentos de la historia del mundo. No solo han contado historias o mostrado leyes: han enseñado a las personas sobre ética y moral.

Vuelve a leer el pasaje. Realiza los siguientes ejercicios.

1. ¿Las obras literarias son más o menos importantes que los edictos de Asoka? **Encierra en un círculo** la oración que se utiliza para introducir el argumento.

2. ¿Cuál es la importancia de los edictos? **Encierra en un recuadro** los detalles de apoyo que utiliza el autor.

3. **Subraya** los detalles que explican el poema épico *Mahabharata*.

4. Escribe en la línea dos ejemplos de sustantivos abstractos que Isobel usa en el texto.

_____

_____

Nombre _____

especulación	impulsar	preceder	principal
resistir	restringir	aspirar	cimiento

Escribe una oración con cada palabra de vocabulario.

1. cimiento

_____

2. especulación

_____

3. principal

_____

4. resistir

_____

5. aspirar

_____

6. restringir

_____

7. impulsar

_____

8. preceder

_____

Nombre _____

Lee la selección. Completa el organizador gráfico de comparar y contrastar.

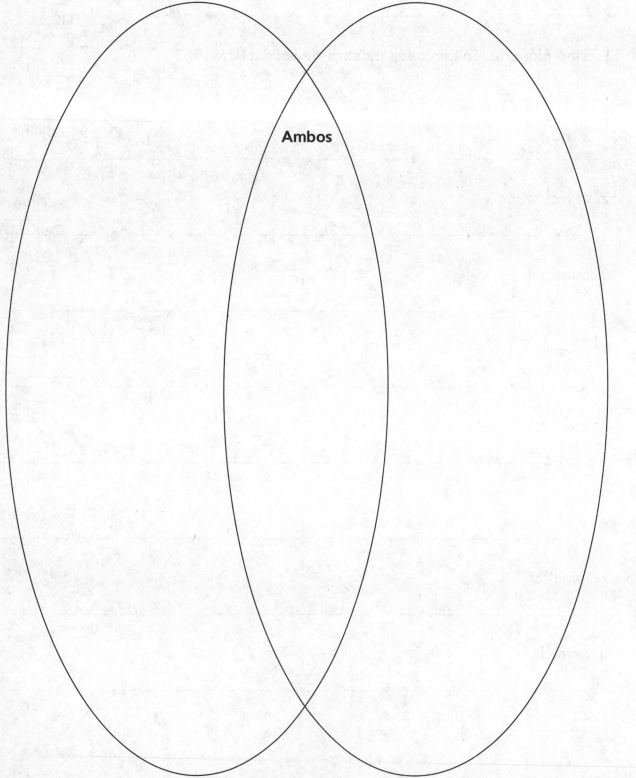

Ambos

Nombre _____

Lee el pasaje. Aplica la estrategia de hacer y responder preguntas antes, durante y después de la lectura de cada sección.

¿Qué es una democracia?

	Estados Unidos de América es una democracia. Así lo considera la
11	mayoría de sus habitantes desde que se formó la nación. Pero ¿qué es una
25	democracia? El prefijo griego *demo-* significa "pueblo", y la palabra griega *cracia*
37	significa "gobierno". Por lo tanto, la palabra *democracia* se refiere al gobierno
49	del pueblo. ¿Qué significa exactamente esto para un país como el nuestro?

La búsqueda de libertad — 61

65	Los puritanos abandonaron Inglaterra y se dirigieron a América
74	buscando libertad para tomar sus propias decisiones, especialmente en
83	relación con la religión. En América se toparon con nuevos problemas, pues
95	debían crear un sistema de gobierno en el que no se limitara su libertad.
109	Entonces, se les ocurrió la idea de que el pueblo se reuniera para tomar
123	decisiones importantes en un edificio público. En esas reuniones comunitarias
133	se formulaban leyes que tenían en cuenta los intereses del pueblo.

Los ayuntamientos — 144

146	Los puritanos construyeron ayuntamientos, es decir, edificios
153	donde se administraban los asuntos del pueblo. En algunos casos, los
164	ayuntamientos se usaban también como espacios de culto religioso, ya que
175	eran los edificios más grandes del pueblo. Los primeros colonos esperaban
186	con ansiedad los días de reunión, pues las reuniones representaban
196	mucho más que la oportunidad de votar. Sin teléfonos ni otras formas de
209	comunicarse, las reuniones comunitarias eran también una buena ocasión
218	para socializar.
220	A medida que Nueva Inglaterra crecía, se fueron formando pequeños
230	pueblos con personas que compartían intereses, como había ocurrido
239	antes con los puritanos. Eso implicaba que, en general, la mayoría de
251	los habitantes de un pueblo tenían los mismos objetivos. Los votantes
262	se reunían para resolver problemas comunes, y esto hizo posible que el
274	pueblo participara directamente en el proceso legislativo. En los pueblos
284	pequeños, este tipo de democracia funcionaba bien.

Nombre _____

En la actualidad, las reuniones comunitarias son aún muy importantes en muchos pueblos de pocos habitantes. Además de ser un buen sistema de gobierno, representan una tradición que muchos consideran un símbolo de democracia.

Dos tipos de democracia

El tipo de democracia que se desarrolla por medio de reuniones comunitarias se conoce como democracia directa. En los primeros tiempos de Nueva Inglaterra, la democracia directa funcionaba muy bien. Los miembros de una comunidad tomaban decisiones importantes en conjunto, y todos tenían voz en el proceso. Sin embargo, cuando la población aumentó, se volvió más difícil que todos se reunieran en un único sitio y participaran en el proceso legislativo. Cuando la necesidad de un sistema de gobierno se extendió a las ciudades, a los estados y a la nación en su conjunto, las reuniones comunitarias dejaron de resultar prácticas.

Afortunadamente, la democracia directa no es la única forma de democracia. Existe otra forma, conocida como democracia representativa. En este sistema, el pueblo vota para elegir representantes que aprueban leyes en su nombre, es decir, que gobiernan en representación del pueblo. Este tipo de democracia se vuelve necesaria cuando hay demasiadas personas y demasiados intereses como para que todos participen de manera directa.

La democracia en Estados Unidos en la actualidad

¿Con qué sistema de democracia se rige Estados Unidos en la actualidad? Nuestra nación es demasiado grande como para que todos participen directamente en el proceso de toma de decisiones. Por lo tanto, nuestro gobierno nacional se basa en un sistema de democracia representativa. Los gobiernos estatales funcionan también con este sistema. Si son muy reducidos, algunos gobiernos locales funcionan aún con un sistema de democracia directa, como sucedía en los inicios. Sin embargo, esa situación es excepcional a nivel nacional.

Hay quienes consideran que la democracia representativa no es un sistema tan puro como el de la democracia directa. Sin embargo, ambos sistemas tienen como objetivo preservar la libertad individual y la igualdad en el proceso de toma de decisiones.

Democracia directa	Democracia representativa
1. Funciona mejor en pueblos de poca población.	1. Funciona a nivel nacional y en pueblos y ciudades con gran población.
2. Permite que cada votante exprese su opinión.	2. Los ciudadanos eligen a personas que representan sus ideas sobre las leyes y la política.
3. Permite que los votantes tomen decisiones directamente.	3. Los representantes discuten los asuntos y toman decisiones en nombre del pueblo al que representan.
4. Se funda en los valores de la libertad individual y la igualdad política.	4. Se funda en los valores de la libertad individual y la igualdad política.

Nombre _____

A. Vuelve a leer el pasaje y responde las preguntas.

1. ¿En qué se parecen la democracia directa y la democracia representativa?

   _____

   _____

2. ¿Cuál es la diferencia más significativa entre la democracia directa y la democracia representativa?

   _____

   _____

   _____

3. ¿Por qué hay gobiernos locales que todavía funcionan con una democracia directa mientras el gobierno nacional y los gobiernos estatales se basan en el sistema de democracia representativa?

   _____

   _____

   _____

   _____

B. Trabaja con un compañero o compañera. En voz alta, lean el pasaje durante un minuto. Presten atención a la precisión. Completen la tabla.

	Palabras leídas	–	Cantidad de errores	=	Palabras correctas
Primera lectura		–		=	
Segunda lectura		–		=	

La Corte Suprema de Estados Unidos

La Corte Suprema es el máximo tribunal de justicia de Estados Unidos. Se ocupa de los casos que se le presentan e interpreta la Constitución. Puede decidir si una ley aprobada por el Congreso es constitucional o no lo es. También puede advertirle a un estado si una de sus leyes viola la Constitución. Los miembros de la Corte Suprema son elegidos por el presidente y confirmados por el Congreso. Prestan sus servicios hasta que deciden retirarse. La Corte Suprema está compuesta por ocho jueces asociados y un presidente.

La Corte Suprema de Estados Unidos desde 2011	
Nombre	En funciones desde
Antonin Scalia	1986
Anthony M. Kennedy	1988
Clarence Thomas	1991
Ruth Bader Ginsburg	1993
Stephen G. Breyer	1994
John G. Roberts (Presidente)	2005
Samuel A. Alito, Jr.	2006
Sonia Sotomayor	2009
Elena Kagan	2010

Responde las preguntas acerca del texto.

1. ¿Qué características de los textos expositivos aparecen en el pasaje?

   _____

   _____

2. ¿Cuál es el tema del texto? ¿Cómo lo sabes?

   _____

3. ¿Qué información provee la tabla que no está en el texto?

   _____

Nombre _____

Lee las siguientes oraciones de "¿Qué es una democracia?" y el significado de cada prefijo. Escribe sobre la primera línea el significado de la palabra en negrilla. Luego, escribe una oración en la que uses esa palabra.

1. "Estados **Unidos** de América es una democracia".
   El prefijo latino *uni-* significa "uno, único".

   Significado: _____

   Oración: _____

2. "Sin **teléfonos** ni otras formas de comunicarse, las reuniones comunitarias eran también una buena ocasión para socializar".
   El prefijo griego *tele-* significa "lejos, a distancia".

   Significado: _____

   Oración: _____

3. "Los votantes se reunían para resolver problemas comunes, y esto hizo posible que el pueblo participara directamente en el proceso **legislativo**".
   El prefijo latino *leg-* significa "ley".

   Significado: _____

   Oración: _____

4. "Cuando la necesidad de un sistema de gobierno se **extendió** a las ciudades, a los estados y a la nación en su conjunto, las reuniones comunitarias dejaron de resultar prácticas".
   El prefijo latino *ex-* significa "fuera de".

   Significado: _____

   Oración: _____

Nombre _____

A. Lee el siguiente borrador. Las preguntas te ayudarán a pensar en detalles de apoyo que se pueden agregar para que el lector tenga más información sobre el tema.

Borrador

La semana pasada, la clase votó. Los niños y las niñas eran quienes se postulaban. Carla prometió muchas cosas. La voté. ¡Ganó ella!

---

1. ¿Qué se estaba votando en esas elecciones?

2. ¿Quiénes fueron exactamente los que se postularon para la votación?

3. ¿Qué prometió Carla?

4. ¿Por qué el narrador decidió votar a Carla?

B. Ahora, revisa el borrador y agrega detalles de apoyo que den información importante sobre la elección en la clase.

_____

_____

_____

_____

_____

_____

_____

Nombre _____

El estudiante que escribió los párrafos de abajo usó detalles relevantes de dos fuentes para responder a la instrucción: *¿Se debería permitir que los niños que no tienen edad para votar propongan nuevas leyes?*

Se debería permitir que los niños que no tienen edad suficiente para votar propongan a sus representantes locales *ideas* para nuevas leyes. En 1787, se estableció el sistema de tres ramas de gobierno en la Constitución. Este sistema establece que la rama legislativa es la que aprueba leyes, tratados y proyecta leyes de gastos. Estos representantes son quienes pueden proponer leyes oficialmente, pero la *idea* de una ley puede, y debería, provenir de cualquier persona, sea joven o vieja.

Los adultos no son los únicos que tienen buenas ideas. A los jóvenes también se les ocurren buenas ideas para leyes útiles. Por ejemplo, tras caerse de su bicicleta, al joven Steve Kresky se le ocurrió la idea de una ley que exigiera a los ciclistas usar casco. Él y su padre se pusieron en contacto con Marta Ortiz, quien formaba parte de la Asamblea estatal. Junto con los representantes del Senado estatal, los miembros de la Asamblea pueden crear leyes estatales. La Srta. Ortiz estuvo de acuerdo con Steve y su padre, y propuso un plan para una nueva ley.

Por lo tanto, cualquier persona, joven o vieja, que tenga una buena idea para una nueva ley puede ponerse en contacto con los representantes estatales locales y llevar adelante su idea.

Vuelve a leer el pasaje. Realiza los siguientes ejercicios.

1. ¿Deberían los niños poder proponer leyes? **Encierra en un círculo** la oración con la que se introduce la afirmación.

2. ¿Cómo desarrolla el tema el autor? **Encierra en un recuadro** los detalles relevantes que apoyan la afirmación.

3. **Subraya** la oración que se utiliza para resumir la afirmación.

4. Escribe en la línea uno de los sustantivos que Kevin utiliza tanto en singular como en plural.

_____

Nombre _____

doblez	juicioso	lámina	rumor
sabiduría	túnica	vasija	comercio

**Escribe una oración completa para responder cada pregunta.
Incluye la palabra en negrilla en tu respuesta.**

1. ¿Qué puedes indicar haciendo un **doblez** en la página de un libro? _____

_____

2. ¿Qué cosas crees que no hace una persona **juiciosa**? _____

_____

3. ¿Qué cosas podrían estar cubiertas por una **lámina** de chocolate? _____

_____

4. ¿Por qué no hay que tomar decisiones importantes basándose en un **rumor**? _____

_____

5. ¿Por qué crees que las personas mayores tienen mucha **sabiduría**? _____

_____

6. ¿De qué podrías disfrazarte usando una **túnica**? _____

_____

7. ¿Para qué se puede usar una **vasija**? _____

_____

8. ¿Qué es el **comercio** electrónico? _____

_____

Nombre _____

Lee la selección. Completa el organizador gráfico de punto de vista.

Detalles	Punto de vista

Nombre _____

Lee el pasaje. Aplica la estrategia de hacer predicciones para deducir lo que ocurrirá a continuación.

Kush, tierra de arqueros

	El aire matinal se tornó cálido y húmedo. Markos aplastó los insectos
12	que le devoraban los brazos y se sentó en el suelo, atento a lo que sucedía
28	en las colinas cercanas al río Nilo. Él aún conservaba en su mente el
42	clamor de la batalla. Las luchas no eran inusuales en la tierra de Kush,
56	pues los faraones de Egipto solían intentar apropiarse de esos territorios.
67	La tierra de Kush era también conocida como Nubia, la tierra del oro.
80	Los reyes de las tierras vecinas habían intentado muchas veces invadir
91	Kush para apoderarse de su oro, sus metales y sus piedras preciosas.
103	Sin embargo, el ejército de arqueros de Kush era muy conocido por su
116	fuerza y sus destrezas. Los arcos y las flechas eran sus armas de combate.
130	En la invasión más reciente, el ejército había obtenido la victoria, pero no
143	siempre resultaba vencedor. Las minas de oro de Kush eran un botín muy
156	codiciado.
157	Markos comenzó a dibujar en la tierra seca, con el dedo, escenas de
170	la reciente batalla, guiándose por lo que había escuchado en las últimas
182	semanas. Le habían prohibido observar el enfrentamiento, incluso a cierta
192	distancia, pues los líderes de la aldea habían decidido que, con doce años,
205	era muy joven para ser testigo del combate. Pero el recuerdo del redoble
218	de los tambores lejanos que jalonaba el estruendo de la batalla avivaba
230	su curiosidad. Markos dibujó, con trazos simples y rápidos, arqueros
240	musculosos disparando sus flechas a las líneas enemigas, y se vio a sí
253	mismo en el campo de batalla. "¡Si tan solo hubiera podido estar allí, con
267	mi padre y mis hermanos!", pensaba.
273	Pero, como sucedía en todas las invasiones, su padre lo había dejado a
286	cargo de las tareas agrícolas y de la protección de la casa. Sin embargo,
300	aun con esas responsabilidades podía escabullirse un rato por día para
311	practicar tiro al blanco. Su hermano mayor le había regalado su viejo
323	arco y le había enseñado pacientemente los rudimentos de la arquería.
334	Afirmaba que Markos era un arquero nato.

Nombre _____

En primavera, llegó el largamente esperado festival anual de las aldeas. Los pueblos de la región se reunieron y llevaron comidas deliciosas. Los alfareros vendían o trocaban sus productos, los músicos tocaban y la gente bailaba. Los banquetes y los festejos se prolongaron durante varios días.

Para Markos, el momento más importante del festival fue la gran competencia, en la que arqueros de todas las edades se presentaban para demostrar su habilidad. Los mejores lograban el reconocimiento de la aldea. Markos había estado esperando el festival con gran ansiedad. Estaba nervioso porque era la primera vez que participaba en la competencia.

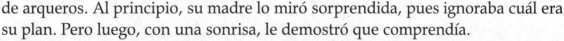

Cuando llegó el día, todas las familias del pueblo acudieron al sitio donde se celebraba el festival. Desde lejos se veían los vestidos de colores brillantes de las mujeres.

—Madre, hoy te sentirás orgullosa de mí —aseguró Markos mientras avanzaban hacia la multitud—. Voy a participar en la competencia de arqueros. Al principio, su madre lo miró sorprendida, pues ignoraba cuál era su plan. Pero luego, con una sonrisa, le demostró que comprendía.

—¡Oh, Markos! ¡No te apresures a crecer! —lo regañó afectuosamente su hermano mayor, revolviéndole el cabello con su mano inmensa.

Pero Markos ya se dirigía con determinación al campo de arquería. Los tambores comenzaron a redoblar mientras la gente se reunía. El líder de la aldea anunció uno a uno los nombres de los competidores.

Finalmente, nombró a Markos, que avanzó al centro del campo con manos temblorosas, intentando controlar su pavor. Mientras se escuchaba el redoblar de los tambores, levantó su kiniosha, es decir, su arco, y lo tensó llevando la flecha hacia atrás lentamente. El ritmo de los tambores aumentó. Los aldeanos cantaban y marcaban el ritmo con fuertes pisadas.

Markos apuntó, sabiendo que no podía demorarse más... y soltó la flecha. Sintió la tensión liberarse y siguió con la mirada la flecha en su recorrido a través del cielo intensamente azul, hasta que cayó al suelo. Mientras corría hacia el blanco, los aldeanos comenzaron a cantar su nombre. Su flecha se había clavado en el blanco más alejado, donde solo llegaban las flechas de los expertos.

Ahora sabía que su futuro como guerrero se haría realidad, y que algún día protegería la tierra, las riquezas y el pueblo de Kush. "Markos, el arquero" sonaba muy bien.

Nombre _____

A. Vuelve a leer el pasaje y responde las preguntas.

1. ¿Qué detalles del primer párrafo te permiten determinar cuál
es el punto de vista de este cuento?

_____

_____

_____

2. ¿El narrador del cuento es uno de los personajes del cuento?
¿Cómo lo sabes?

_____

_____

_____

_____

3. ¿Cuál es el punto de vista del cuento?

_____

**B. Trabaja con un compañero o compañera. En voz alta, lean el pasaje durante
un minuto. Presten atención a la expresión. Completen la tabla.**

	Palabras leídas	–	Cantidad de errores	=	Palabras correctas
Primera lectura		–		=	
Segunda lectura		–		=	

Nombre _____

Hasina, hilandera en Deir el-Medina

—Hasina, por favor, mejora los puntos de esta tela —le dijo su jefe amablemente—. Sabes que algún día será la túnica del hijo del faraón.

El nombre Hasina significa "buena" en egipcio, y ella estaba orgullosa de su nombre. Trataba de dar lo mejor de sí en su trabajo como hilandera en Deir el-Medina, su ciudad.

—Lo sé, debe estar perfecto para el futuro rey —dijo Hasina.

En su país, muchas mujeres trabajaban fuera de su casa como ella lo hacía. De todos modos, Hasina consideraba que el trabajo en su hogar era el más importante de todos. "Mañana limpiaré mi casa, cocinaré y mantendré a mi familia 'nefer', es decir, pura y bella. Ese es mi trabajo más importante", pensaba mientras cosía.

Responde las preguntas acerca del texto.

1. ¿Qué detalles del texto ubican la trama en un ambiente histórico?

   _____

   _____

2. ¿Por qué crees que el texto incluye la palabra *nefer*?

   _____

   _____

3. ¿Qué indica el texto sobre las mujeres de ese tiempo?

   _____

   _____

Nombre _____

**A. Lee las siguientes oraciones de "Kush, tierra de arqueros".
Explica cómo cambiaría la oración si se reemplazara la palabra
en negrilla por la palabra que está entre paréntesis.**

1. Arqueros de todas las edades se presentaban para demostrar su
   habilidad. Los mejores lograban el **reconocimiento** de la aldea.
   (gloria)

   _____

   _____

2. Al principio, su madre lo miró **sorprendida**. (estupefacta)

   _____

   _____

3. Finalmente, nombró a Markos, que avanzó al centro del campo
   con manos temblorosas, intentando controlar su **pavor**. (temor)

   _____

   _____

4. Pero Markos ya se dirigía con **determinación** al campo de
   arquería. (audacia)

   _____

   _____

**B. Escribe algunas oraciones en las que expliques si la palabra en
negrilla tiene una connotación negativa o positiva y justifica por qué.**

5. Markos aplastó los insectos que le **devoraban** los brazos y se
   sentó en el suelo.

   _____

   _____

   _____

Name_____

A. Lee el siguiente borrador. Las preguntas te servirán para crear un buen final.

Borrador

Ya era tiempo de que Mario volviera a casa. Mientras se subía al avión, se volteó y nos saludó con la mano. En verdad, no era parte de nuestra familia.

---

1. ¿Cómo podría el final aclarar los hechos anteriores?

2. ¿Qué palabras   ases descriptivas puedes agregar para demostrar la in   sidad de los sentimientos entre Mario y la familia?

3. ¿Qué detalles a   larían a escribir un final más sorpresivo o interesante?

B. Ahora, revisa e   orrador y agrega detalles que te ayuden a escribir un final   is interesante y satisfactorio.

_____

_____

_____

_____

_____

_____

Nombre _____

El estudiante que escribió los párrafos de abajo usó evidencia del texto de dos fuentes para responder a la instrucción: *Según lo que leíste sobre Tenochtitlán, escribe un cuento breve sobre un habitante azteca que le muestra su ciudad a un recién llegado y le explica su arquitectura.*

Mi amiga miró la ciudad fascinada. Era su primer día; todo era nuevo para ella.

—¿De dónde viene el agua que se bebe aquí? —preguntó—. Es muy limpia. Sonreí. Me gusta alardear sobre mi ciudad.

—¿Has visto las grandes construcciones de piedra antes de llegar a la ciudad?

—Sí. ¿Qué son?

—Son acueductos. Nosotros los llamamos *aochpangos*. Transportan el agua dulce de los manantiales hasta nuestros hogares y fuentes públicas.

—¡Qué suerte tienes de vivir aquí! Tienes agua fresca para beber, el paisaje es muy bonito... Me encanta ese edificio de allí, el de la cima iluminada.

—Es el templo magno de Huitzilopochtli. Es una pirámide de cinco terrazas, construida con ébano, jaspe y mármol. ¡En la cima arden seiscientos braseros!

—Tenochtitlán es realmente una ciudad hermosa y fascinante —concluyó mientras observaba como hipnotizada el fuego incandescente de la pirámide.

Vuelve a leer el pasaje. Realiza los siguientes ejercicios.

1. **Encierra en un círculo** una oración que te permite comprender mejor a uno de estos personajes.

2. **Encierra en un recuadro** la evidencia del texto con la que se indica la reacción del recién llegado ante la explicación sobre los acueductos de Tenochtitlán.

3. **Subraya** el buen final que se utiliza como conclusión de la historia del cuento.

4. Escribe en la línea una oración del texto de Paige en la que haya un sustantivo femenino con *a* acentuada y el artículo *el* o *un*.

_____

_____

Nombre _____

alero	hábilmente	mofarse	legado
detenimiento	insolencia	simetría	pericia

Escribe una oración con cada palabra de vocabulario.

1. hábilmente

_____

2. pericia

_____

3. legado

_____

4. detenimiento

_____

5. mofarse

_____

6. simetría

_____

7. alero

_____

8. insolencia

_____

Nombre _____

Lee la selección. Completa el organizador gráfico de punto de vista.

Detalles	Punto de vista

Nombre _____

Lee el pasaje. Aplica la estrategia de hacer predicciones para deducir lo que ocurrirá a continuación.

En busca del cero

	¿Cómo se miden el paso del tiempo y los días? ¿Cómo se puede
13	determinar la circunferencia de la Tierra? ¿Cuán lejos está la Luna? Un
25	torbellino de preguntas rondaba por mi mente, y el único que podía
37	responderlas era Aryabhata, el gran matemático. Con esta certeza, me
47	levanté antes del alba y me dirigí a su encuentro. Una gran distancia
60	separaba mi aldea de la universidad, en Patna. Según mis cálculos, llegaría
72	allí cuando el sol estuviera directamente sobre mi cabeza.
81	Mientras recorría la orilla sur del río Ganges, levantando el ardiente
92	polvo del camino con los pies, contaba cada paso que daba y revisaba
105	mentalmente mis cálculos: "12,563 pasos, el sol está saliendo por el este,
117	ya he recorrido un cuarto del camino...". Cuando llevaba 18,231 pasos,
128	recogí un palo del suelo y comencé a arrastrarlo, trazando una línea recta.
141	"¿Se trazará una línea recta entre el lugar donde estoy y el lugar adonde
155	voy?", me preguntaba.
158	Así distraía mi mente en el camino, para ahuyentar los nervios que me
171	asaltaban. Por lo que había oído, Aryabhata tenía todas las respuestas,
182	pero no le gustaba que lo molestaran, y eso me llenaba de ansiedad.
195	Mis padres desaprobaban mi plan. "¿Por qué querría un sabio erudito
206	malgastar su tiempo con un niño de doce años?", me había dicho mi
219	padre. Pero yo ardía en deseos de estudiar matemáticas y, algún día,
231	escribir un libro como *Aryabhatiya*, la obra maestra de Aryabhata. Los
242	eruditos locales me habían explicado que el libro describía la Tierra como
254	una esfera que rotaba alrededor del Sol, y hablaba de matemáticas, del
266	tiempo, de astronomía y de otros misterios del universo.
275	Finalmente, cuando el sol estaba exactamente sobre mi cabeza, divisé a
286	un hombre sentado sobre una esterilla e inclinado sobre una mesita baja.
298	Podía ver cómo dibujaba furiosos trazos sobre la superficie endurecida de
309	unas hojas de palmera con una púa de acero que goteaba tinta. Contuve
322	el aliento y di unos pasitos silenciosos, reduciendo la distancia que me
334	separaba de él a la mitad, y luego otra vez a la mitad. ¡Por fin estaba junto
351	a Aryabhata! Estaba tan cerca que podía ver los misteriosos números y
363	símbolos que estaba escribiendo.

Pero Aryabhata estaba tan inmerso en sus pensamientos que era como si yo fuera invisible. De pronto, un escarabajo salió volando de la púa y aterrizó en mi brazo. Lo espanté sin pensar, y al hacerlo rocé la mano de Aryabhata, que se deslizaba hacia el tintero. Aryabhata levantó la vista, enfurecido, y exclamó:

—¿Quién eres tú?

—Soy Basu, el hijo de un simple mercader —dije con voz entrecortada—, pero he acudido desesperado a recibir sus conocimientos, esperando absorber una fracción de su sabiduría.

Aryabhata me petrificó con una mirada y replicó de mala gana:

—Está bien. Puedes hacer una pregunta.

Reflexioné durante un largo rato.

—Di 50,348 pasos para llegar aquí, y luego atravesé el jardín. Primero recorrí la mitad, y luego otra vez la mitad, y otra mitad. Ahora nuestros brazos se han rozado, y no puedo acercarme más, pero estoy confundido porque no conozco un número que indique la distancia que hay entre nosotros. ¿Cuál es el número que indica la cantidad de pasos que debo dar para llegar hasta ti?

La expresión dura de Aryabhata se suavizó con una sonrisa.

—Has hecho la pregunta a la que le he dedicado muchos meses de trabajo. La respuesta es cero. Quedan cero pasos. Cero es el número.

—Hay algo más que quisiera saber... —continué, entusiasmado.

—¡Te quedan cero preguntas! —me interrumpió Aryabhata, y quedé aplastado por la desilusión.

Entonces, Aryabhata rio.

—¡Cero más mil! Puedes hacerme todas las preguntas que quieras, porque creo que podemos aprender mucho juntos.

Nombre _____

A. Vuelve a leer el pasaje y responde las preguntas.

1. ¿Quién cuenta el cuento?

_____

_____

2. ¿Cómo sabes si este cuento está contado desde el punto
   de vista de la primera persona o de la tercera persona?

_____

_____

_____

_____

3. ¿Qué puedes saber acerca del personaje a partir del uso de ese
   punto de vista?

_____

_____

**B. Trabaja con un compañero o compañera. En voz alta, lean el pasaje durante
un minuto. Presten atención a la expresión. Completen la tabla.**

	Palabras leídas	–	Cantidad de errores	=	Palabras correctas
Primera lectura		–		=	
Segunda lectura		–		=	

Nombre _____

Urco, aprendiz de artesano

Me llamo Urco, tengo doce años y soy inca. Un día, en el año 1425, le dije a mi padre:

—Mi vocación es ser artesano, artista.

Pero a él eso no le gustó.

—Me niego rotundamente. Debes trabajar como obrero, construyendo caminos, fuertes y templos para la gran ciudad de Cuzco, como todos nosotros —me dijo.

A pesar de estar muy enojado con él, yo sabía que la mayoría de los incas hacen lo que mi padre describía: dedicarle toda su vida a la construcción de la ciudad que queda en lo alto de la montaña. Yo, de todos modos, me sentía diferente. Quería crear copas de oro y adornos para los nobles y para el emperador. ¡Estaba claro que debía convencer a mi padre!

Responde las preguntas acerca del texto.

1. ¿En qué época y lugar transcurre este texto de ficción histórica?

_____

_____

2. ¿Qué información brinda el cuento sobre la vida de los incas en esa época?

_____

_____

3. ¿Cómo sabes qué parte del texto es un diálogo? ¿Qué información aporta este diálogo al cuento?

_____

_____

_____

Nombre _____

**Lee los siguientes fragmentos de "En busca del cero"
y el significado del sufijo de las palabras en negrilla.
Luego, escribe una definición de la palabra en negrilla.**

1. Mientras recorría la orilla sur del río Ganges, levantando
   el **ardiente** polvo del camino con los pies...
   Con el sufijo -nte se forman adjetivos a partir de un verbo.

   _____

2. ... hablaba de matemáticas, del tiempo, de **astronomía** y de otros
   misterios del universo.
   El sufijo -nomía significa "leyes".

   _____

3. Según mis cálculos, llegaría allí cuando el sol estuviera
   directamente sobre mi cabeza.
   El sufijo –mente significa "de manera".

   _____

4. Pero Aryabhata estaba tan inmerso en sus pensamientos que
   era como si yo fuera **invisible**.
   Con el sufijo –ble se forman adjetivos a partir de un verbo,
   y estos adjetivos indican la capacidad de recibir una acción.

   _____

5. Soy Basu, el hijo de un simple **mercader**.
   El sufijo –er significa "que realiza la acción".

   _____

Nombre _____

A. Lee el siguiente borrador. Las preguntas te ayudarán a pensar en las transiciones que puedes agregar para aclarar cambios en el tiempo y el espacio.

Borrador

El tío Claudio aceptó enseñarme el truco de magia. Traté de aprender a tomar la moneda de la forma en que me enseñó. Lo aprendí y logré sacar la moneda de la oreja del tío Claudio.

---

1. ¿Cuándo y por qué el tío Claudio aceptó enseñarle el truco al narrador?

2. ¿Qué pasó después de que el tío Claudio aceptara? ¿Cómo pudo el narrador aprender el truco de magia?

3. ¿Qué palabras de transición y frases pueden agregarse para conectar los sucesos?

B. Ahora, revisa el borrador y agrega palabras de transición que te ayuden a aclarar los cambios en el espacio y el tiempo.

_____

_____

_____

_____

_____

_____

_____

_____

El estudiante que escribió los párrafos de abajo usó detalles relevantes de dos fuentes para responder a la instrucción: *Escribe un breve relato desde el punto de vista de Wong Li en el que se reúna con Cheng para contarse los acontecimientos recientes en sus vidas.*

Miro por la ventana con ansiedad. Allí a lo lejos veo llegar a mi amigo Cheng, que viene de visita y a quien extraño mucho. Hace muchos meses que no nos vemos y tenemos muchas cosas para contarnos.

—¡Querido Cheng! ¿Cómo estás, amigo? —le digo mientras le doy un abrazo—. ¡No sabes la buena noticia que tengo para contarte!

—Yo también te he extrañado, Wong Li. Sentémonos y hablemos; también tengo una muy buena noticia. —Mi papá se acerca para dejarnos el té y nos deja para que hablemos con tranquilidad. Antes de que Cheng pueda emitir palabra, le digo:

—¿Recuerdas que te había contado que aún faltaban unos años para que mi papá me enseñara a preparar la pólvora? Pues adivina qué. ¡Ya aprendí a hacerlo!

—¡Cuánto me alegro, Wong Li! Ahora podrás continuar la tradición de tu familia. Y hablando de ayudar a la familia... —Cheng se detiene y me mira fijo—. Después de estudiar por años, finalmente he aprobado el examen para trabajar en el Gobierno!

Miro a Cheng con una gran admiración. Este joven tiene un gran futuro por delante.

—¿En serio? ¡Felicitaciones! —exclamo—. Sé que es un examen muy riguroso y debes de haber estudiado mucho. Me alegro mucho por ti.

Después de conversar durante varias horas, Cheng y yo nos despedimos con la esperanza de reunirnos nuevamente con más buenas noticias.

Vuelve a leer el pasaje. Realiza los siguientes ejercicios.

1. ¿Desde el punto de vista de quién está escrito este relato? **Encierra en un círculo** las palabras que indican el punto de vista.

2. **Encierra en un recuadro** los detalles descriptivos que permiten al lector comprender los sucesos de la historia.

3. **Subraya** las palabras de transición que ordenan los sucesos en el tiempo.

4. Escribe en la línea el demostrativo que Nicholas usa en el texto. Indica si es un adjetivo o un pronombre.

Nombre _____

| resplandecer | contemplar | victoria | belleza |

Completa cada oración con la palabra que se indica.

1. **(resplandecer)** A medida que se hacía de noche, las estrellas _____ _____ _____ .

2. **(contemplar)** La primera noche que acampamos encendimos una fogata _____ _____ _____ .

3. **(victoria)** El buen juego en equipo justificó _____ _____ _____ .

4. **(belleza)** El artista logró crear _____ _____ _____ .

Nombre _____

Lee la selección. Completa el organizador gráfico de tema.

Detalle

↓

Detalle

↓

Detalle

↓

Tema

Nombre _____

Lee el pasaje. Reflexiona sobre el mensaje del poema para comprobar que lo comprendes.

El desierto

	Despierta el día en el mudo desierto,
7	y el sol viste la tierra de luz cobriza.
16	Mi abuela me mira con ojos despiertos.
23	En su pueblo no me siento de visita.
31	Los cactos estiran sus brazos pesados,
37	navegantes solitarios del mar seco.
42	Aúlla su pena un coyote cansado
48	y despierta Sonora con un bostezo.
54	Mi abuela suelta su pelo de ceniza,
61	y me acaricia si tiene un momento;
68	con voz susurrante, música de brisa,
74	teje sus relatos del sol y del viento,
82	del don de la lluvia, de antiguos dioses,
90	del astuto sapo y del gorrión pequeño.
97	Puebla el paisaje con gente y con voces,
105	logrando un tapiz tejido de sueños.
111	Mi abuela me envuelve en sus fuertes brazos
119	de tierra ambarina y desierto dormido.
125	Me dejo caer en su blando regazo:
132	soy como un gorrión a salvo en su nido.

Nombre _____

A. Vuelve a leer el poema y responde las preguntas.

1. ¿Qué información aportan los dos últimos versos de la primera estrofa acerca de la experiencia del hablante en el pueblo de su abuela?

   _____

   _____

2. ¿Cómo es el lugar donde vive la abuela? ¿Cómo se siente el hablante en ese lugar?

   _____

   _____

3. ¿Cómo se siente el hablante con su abuela?

   _____

   _____

4. A partir los detalles y las descripciones, ¿cuál dirías que es el tema del poema?

   _____

   _____

B. Trabaja con un compañero o compañera. En voz alta, lean el pasaje durante un minuto. Presten atención a la expresión y el fraseo. Completen la tabla.

	Palabras leídas	–	Cantidad de errores	=	Palabras correctas
Primera lectura		–		=	
Segunda lectura		–		=	

Nombre _____

Hora tras hora, día tras día

Rosalía de Castro

Hora tras hora, día tras día,
entre el cielo y la tierra que quedan
eternos vigías,
como torrente que se despeña
pasa la vida.
Devolvedle a la flor su perfume
después de marchita;
de las ondas que besan la playa
y que una tras otra besándola expiran
recoged los rumores, las quejas,
y en planchas de bronce grabad su armonía.
Tiempos que fueron, llantos y risas,
negros tormentos, dulces mentiras,
¡ay!, ¿en dónde su rastro dejaron,
en dónde, alma mía?

Responde las preguntas acerca del texto.

1. ¿Cómo sabes si es un poema lírico o un soneto?

_____

_____

_____

2. Copia un verso. Subraya las sílabas tónicas.

_____

_____

3. Escribe el patrón de rima de la primera estrofa.

_____

Nombre _____

El **patrón de rima** es el esquema que siguen las palabras que riman al final de cada verso.

La **métrica** es el patrón de sílabas acentuadas y no acentuadas.

El patrón de rima y la métrica le dan una cualidad lírica, musical al poema.

Lee la siguiente estrofa de un poema lírico. Luego, responde las preguntas.

Mi abuela suelta su pelo de ceniza,
y me acaricia si tiene un momento;
con voz susurrante, música de brisa,
teje sus relatos del sol y del viento.

1. De arriba hacia abajo, asigna una letra (*a, b, c, d*) a cada nuevo sonido que identifiques al final de un verso. Si un sonido rima con uno anterior, asígnale la misma letra que la palabra con la que rima. Si esto no sucede, asígnale una nueva letra. Escribe el patrón de rima de la estrofa.

   _____

2. ¿Qué sílabas de cada verso se deben pronunciar con más intensidad? Escribe abajo el primer verso de la estrofa. Subraya las sílabas que deben acentuarse en la lectura.

   _____

3. ¿Qué importancia tienen la rima y la métrica en este poema?

   _____

   _____

4. Escribe un poema breve sobre uno de tus lugares favoritos. Escribe una estrofa de cuatro versos con el patrón de rima *abab* y la métrica que prefieras.

   _____

   _____

Nombre _____

Lee los pasajes. Luego, responde las preguntas sobre personificación.

1. Los cactos estiran sus brazos pesados,
   navegantes solitarios del mar seco.

   ¿Qué se personifica? _____

   ¿Cuál es la acción humana? _____

2. y despierta Sonora con un bostezo.

   ¿Qué se personifica? _____

   ¿Cuál es la acción humana? _____

3. Despierta el día en el mudo desierto.

   ¿Qué se personifica? _____

   ¿Cuál es la acción humana? _____

4. y el sol viste la tierra de luz cobriza.

   ¿Qué se personifica? _____

   ¿Cuál es la acción humana? _____

Nombre _____

A. Lee el siguiente borrador. Las preguntas te servirán para pensar en palabras precisas y vívidas que puedes agregar.

Borrador

Adonde sea que vaya, llevo mi cuaderno de dibujo y un lápiz especial. Son dos de mis posesiones favoritas. Las páginas están en blanco hasta que hago un dibujo. Por eso adoro tanto mi cuaderno de dibujo.

---

1. ¿Cómo es el cuaderno de dibujo? ¿Por qué es tan especial el lápiz?

2. ¿Qué palabras descriptivas podrían usarse para expresar lo que siente el narrador sobre las páginas en blanco?

3. ¿Qué palabras precisas y vívidas podrían usarse para describir los dibujos que el narrador hace en su cuaderno de dibujo?

B. Ahora, revisa el borrador y agrega palabras precisas y vívidas que ayuden al lector a imaginarse mejor al escritor y su cuaderno de dibujo.

_____

_____

_____

_____

_____

_____

_____

Nombre _____

El estudiante que escribió los párrafos de abajo usó detalles relevantes de dos fuentes para responder a la instrucción: *Escribe un poema lírico sobre una tradición familiar.*

Si la mesa de mi abuela hablara,
muchas historias me diría.
En esta antigua cocina,
ha existido atareada, en compañía.

Sobre esta ovalada madera,
risas y secretos compartidos,
cumpleaños, nacimientos...
Es un antiguo monumento
que ahora veo en las fotos de la
abuela.

Allí veo la mesa, un mantel blanco.
Mi mamá, cumpleañera de un año,
sobre la mesa sopla las velas.
La abuela parece de veinticuatro.

Esta misma mesa que yo veo,
que espera pacientemente
mientras juntamos los platos,
es la mesa que oye mis deseos.

Yo amo la mesa de mi abuela.
Es más que un lugar de reunión:
esta mesa conoce nuestra vida,
las historias de nuestro corazón.

Vuelve a leer el pasaje. Realiza los siguientes ejercicios.

1. ¿Cuál es el punto de vista de la persona que habla en este poema? **Encierra en un círculo** las palabras que revelan el narrador.

2. **Encierra en un recuadro** el lenguaje preciso que permite al lector imaginarse lo que se describe.

3. **Subraya** una oración de transición que te permite indicar en qué tiempo está situado el narrador o narradora.

4. Escribe en la línea una aposición o un inciso que Brianna usa en el texto.

   _____

Nombre _____

asemejarse	cargado	maravillado	negociar
baldío	indigno	reglamentario	predecir

Escribe una oración con cada palabra del vocabulario.

1. maravillado

_____

2. indigno

_____

3. cargado

_____

4. baldío

_____

5. asemejarse

_____

6. negociar

_____

7. reglamentario

_____

8. predecir

_____

Nombre _____

Lee la selección. Completa el organizador gráfico de tema.

Detalle

↓

Detalle

↓

Detalle

↓

Tema

Nombre _____

A. Vuelve a leer el pasaje y responde las preguntas.

1. ¿Qué siente Rosa sobre el nuevo edificio al comienzo
del cuento?

_____

_____

2. ¿Qué sucedió cuando la mamá de Rosa llamó al administrador
para contarle que se había descompuesto el elevador?

_____

3. ¿Cómo reaccionan los vecinos en el elevador cuando la mamá
de Rosa sugiere que todos juntos presionen al administrador
para que lo repare?

_____

_____

_____

4. Tomando en cuenta los sucesos del cuento, ¿cuál crees que es
el tema?

_____

_____

**B. Trabaja con un compañero o compañera. En voz alta, lean el pasaje durante
un minuto. Presten atención a la expresión. Completen la tabla.**

	Palabras leídas	–	Cantidad de errores	=	Palabras correctas
Primera lectura		–		=	
Segunda lectura		–		=	

La práctica hace al maestro

—Es una buena manera de practicar tu italiano, Rosa —me dijo mi madre cuando me pidió que cuidara a Christina, mi prima italiana de cuatro años.

—¡*La palla*! —grita Christina desde el jardín.

—¿Qué dices? —murmuro. Ella señala, llorando, una pelota roja atrapada en el árbol.

Mis vecinos, los Chen, se acercan rápidamente y preguntan:

—¿Por qué está gritando Christina?

—La pelota quedó atrapada allí arriba —respondo yo.

—Toma otras pelotas del cubo, Rosa —sugiere la señora Chen—. Las lanzaremos al árbol para que caiga la de ella.

Le hago caso y las arrojamos hacia arriba hasta que cae la roja.

—*La palla* — digo, entregándole la pelota a Christina.

—¡Hablas italiano, Rosa! —dice el señor Chen.

Responde las preguntas acerca del texto.

1. Menciona tres características que te permiten saber que este es un texto de ficción realista.

_____

2. ¿Desde qué punto de vista está narrado el cuento? ¿Cómo lo sabes?

_____

_____

3. ¿Cómo se usa el idioma extranjero para caracterizar a Christina?

_____

_____

4. ¿De qué manera anticipa la primera oración los sucesos que siguen?

_____

_____

Nombre _____

Lee los siguientes pasajes. Subraya las claves de contexto que sirven para comprender el significado de la palabra en negrilla. Luego, escribe la definición en la línea.

1. Todos eran muy reservados, y por eso Rosa extrañaba su viejo edificio, donde todos los **inquilinos** se conocían, conversaban en el vestíbulo, llamaban a la puerta para pedir una tacita de azúcar y hacían una gran fiesta todos los años.

   _____

2. —¡Oh, no! —**murmuró** con un hilo de voz—. ¡Otra vez no funciona!

   _____

3. Con un suspiro, se colgó la pesada mochila sobre los hombros y emprendió con paso **cansino** el extenuante ascenso hasta el séptimo piso, donde estaba su apartamento. Cuando llegó a su piso le corrían gotas de sudor por la cara.

   _____

4. —Este elevador se rompe todo el tiempo. Ya le he escrito al administrador para contarle con qué frecuencia se **descompone**.

   _____

5. —dijo un hombre con maletín negro mientras presionaba el botón rojo de la **alarma**, que empezó a hacer un ruido metálico detrás de la puerta—. ¡Se rompe todo el tiempo! Ahora debemos esperar a que alguien escuche la alarma y presione un botón para llamar el elevador.

   _____

6. Justo en ese momento, el elevador empezó a **descender** nuevamente. Mientras bajaba, Rosa se sintió orgullosa de su madre, que había logrado que todos se pusieran de acuerdo.

   _____

Nombre _____

A. Lee el siguiente borrador. Las preguntas te servirán para pensar palabras y expresiones de transición que serán una guía para que el lector pueda llevar un registro del momento y el lugar en que ocurren los sucesos.

Borrador

Había nevado con fuerza a la noche. La capa de nieve acumulada era muy alta. Juana y sus hermanas construyeron un fuerte de nieve. Vieron que los vecinos mayores necesitaban ayuda para quitar la nieve de la acera. Juana y sus hermanas decidieron ayudarlos.

---

1. ¿Qué palabras y expresiones de transición agregarías para indicar el momento en que Juana y sus hermanas construyeron el fuerte? ¿Qué otras palabras agregarías para indicar el momento en que ocurrieron otros sucesos?

2. ¿Con qué palabras y expresiones de transición podrías mostrar los diferentes lugares donde ocurrieron los sucesos?

3. ¿Con qué otras palabras y expresiones podrías guiar al lector de un suceso al otro con fluidez?

B. Ahora, revisa el borrador y agrega palabras y expresiones de transición que le sirvan al lector para llevar un registro del lugar y el momento en que ocurren los sucesos.

_____

_____

_____

_____

_____

_____

Nombre _____

El estudiante que escribió los párrafos de abajo usó detalles relevantes de dos fuentes para responder a la instrucción: *Imagina que tía Lola viviera en esa época y visitara el castillo al comienzo del invierno. Escribe una escena en la que tía Lola habla con los músicos y resuelve el problema del rey.*

Cuando tía Lola llegó al patio del palacio vio que tanto los músicos como el rey estaban decepcionados. Estaban desplomados sobre las sillas como si hubieran perdido una batalla. Tía Lola se presentó y decidió darles un discurso motivador.

—Los oí tocar para el rey. ¡Son todos muy talentosos! —Muchos de los músicos se enderezaron, pero el violinista se cruzó de brazos.

—Entonces, ¿por qué el rey no está contento? —preguntó.

—Les diré algo: los sirvientes me contaron que el rey extraña el coro de aves que cantan juntas en verano. Cada ave canta una canción diferente, pero oírlas todas juntas es lo que alegraba al rey.

Los músicos la escuchaban atentos. Tía Lola continuó:

—Sus canciones de todas partes del mundo son increíbles, pero piensen lo hermoso que sería si tocaran todos juntos.

Todos los músicos, incluido el violinista, estuvieron de acuerdo y comenzaron a tocar juntos. El rey oyó la música y sonrió.

Vuelve a leer el pasaje. Realiza los siguientes ejercicios.

1. ¿Dónde habla tía Lola con los músicos? **Encierra en un círculo** la frase de transición con la que se indica dónde tiene lugar la escena.

2. **Encierra en un recuadro** los detalles relevantes que indican por qué el rey estaba decepcionado.

3. **Subraya** el diálogo que muestra cómo tía Lola resolvió el problema del rey.

4. Escribe en la línea uno de los verbos intransitivos que Michael usa en el texto.

_____

_____

Nombre _____

alarmado	golfo	oleaje	constante
azotado	inmensidad	suavidad	dilema

Completa cada oración con la palabra que se indica.

1. **(alarmado)** Cuando habló con el mecánico _____
_____.

2. **(azotado)** Después del fuerte tornado _____
_____.

3. **(dilema)** No saber a quién invitar a la fiesta _____
_____.

4. **(golfo)** Desde la costa _____
_____.

5. **(inmensidad)** A medida que el barco se alejaba del puerto, _____
_____.

6. **(oleaje)** Sentado en la arena, _____
_____.

7. **(constante)** Si quieres resolver este problema, _____
_____.

8. **(suavidad)** Usamos un jabón especial _____
_____.

Nombre _____

—O, quizás —señaló el papá—, lo que necesitan es una motivación realmente convincente.

En el entrenamiento del día siguiente, María le hizo un anuncio al equipo:

—Saben, chicos, ustedes podrían jugar partidos de los que la comunidad se sintiera orgullosa, y podrían estar aprendiendo a trabajar en equipo y a cooperar; son cosas que les servirán toda la vida, y alguno de ustedes podría ser lo suficientemente bueno como para ganar una beca escolar. Pero, en lugar de eso, solo les interesa perder el tiempo. No les importa, y como nos les importa, bueno, a mí tampoco me importa, de modo que este es mi último día como entrenadora. Ah, y sí, ya que estamos, les comento que el centro debe encontrar un sustituto, y hasta que no lo encuentre, esta será su última semana de entrenamiento.

—¿De verdad? —preguntó Miguel, cabizbajo. Su habitual mueca de suficiencia se había borrado—. Pero a mí me gusta el básquetbol.

—Sí, a todos nos gusta. ¿No te parece que estás exagerando? —le preguntó Carla—. Solo somos niños.

—Sí, niños que deberían aplicarse un poco más y hacer un verdadero esfuerzo —suspiró María—. Ahora, formen una fila para hacer tiros al aro. Por el momento, sigo siendo su entrenadora.

Para sorpresa de María, Los Tigres formaron una fila sin los habituales golpes y empujones, y realizaron sus tiros por turnos, con gran disciplina. Cuando Carlos erró su tiro, Miguel no se burló de él.

María se arriesgó a una práctica de fintas, pues aunque todavía había bastante parloteo y corridas con la pelota, al menos, finalmente, se habían acallado las quejas.

Al final del entrenamiento, María se sentía más animada.

—¡Chicos! ¡Hoy sí que se han esforzado! —exclamó—. Así que yo también haré un esfuerzo. Si quieren seguir con esto, pero de verdad y como corresponde, puedo quedarme por aquí y arreglar un poco las cosas. ¿Qué les parece? Levanten la mano si están realmente preparados para ser un buen equipo.

Y María sonrió, porque todos tenían las manos levantadas.

Nombre _____

A. Vuelve a leer el pasaje y responde las preguntas.

1. ¿Qué siente María respecto de Los Tigres al comienzo del pasaje? ¿Por qué?

   _____

   _____

2. ¿Qué tiene que hacer María para que el equipo se esfuerce más en las prácticas?

   _____

3. ¿Cómo cambian el comportamiento Los Tigres cuando piensan que María va a renunciar?

   _____

   _____

4. ¿Cuál te parece que es el tema del cuento?

   _____

   _____

B. Trabaja con un compañero o compañera. En voz alta, lean el pasaje durante un minuto. Presten atención al fraseo. Completen la tabla.

	Palabras leídas	–	Cantidad de errores	=	Palabras correctas
Primera lectura		–		=	
Segunda lectura		–		=	

Nombre _____

Armarse de coraje

Julián trabaja duro como paisajista: corta el césped, recorta setos y levanta cargas pesadas de mantillo toda la mañana. Cuando llega el mediodía tiene tanta hambre que va a la tienda a comprar el almuerzo. Enfrenta una larga fila y el estómago le ruge.

—¿Quién sigue? ¿Qué le puedo ofrecer? —grita el hombre del mostrador.

Las personas empiezan a gritar sus pedidos: "¡atún en pan integral!", "¡pastrami en pan de centeno!", "¡tostado de queso!". Julián se siente perdido. Su inglés mejoró, pero hay veces que se le cierra la garganta y se pone colorado.

—Es tu turno, cariño. Adelante. Yo esperaré —le dice una mujer.

Julián se arma de coraje y grita:

—¡Un sándwich de pavo!

—Enseguida, chico —responde el hombre.

—¡Gracias, amigo! —responde Julián, con seguridad.

Responde las preguntas acerca del texto.

1. Menciona tres características que muestren que es una ficción realista.

   _____

   _____

2. ¿Desde qué punto de vista está narrado el cuento? ¿Cómo lo sabes?

   _____

   _____

3. Elige una oración del texto que contenga verbos expresivos.
   ¿De qué manera esa oración brinda una imagen realista?

   _____

   _____

4. ¿Cuál es el tema del cuento? Menciona una clave del texto.

   _____

   _____

   _____

Nombre _____

Lee los siguientes pasajes. Subraya las claves de contexto que sirven para comprender el significado de la palabra en negrilla. Luego, escribe la definición en la línea.

1. Sin embargo, como siempre, los pases eran una **catástrofe** total: las pelotas golpeaban cabezas, piernas y hombros, pero rara vez aterrizaban en las manos de alguien.

   _____

2. Pero después de unas semanas con Los Tigres, María estaba empezando a cambiar de opinión, pues ellos no solo no estaban interesados en practicar fintas, sino que se **resistían** a correr y a practicar los tiros al aro. María había intentado explicarles la importancia de esas prácticas para lograr un buen rendimiento, pero a Los Tigres no parecía importarles.

   _____

3. —¡Clara! —gritó María—, ¿estás rogando que te roben la pelota? ¡Debes hacer pases más bajos! Rosa, ¡deja de **juguetear** con tu cabello y concéntrate!

   _____

4. —¿De verdad? —preguntó Miguel, **cabizbajo**. Su habitual mueca de suficiencia se había borrado—. Pero a mí me gusta el básquetbol.

   _____

5. Para sorpresa de María, Los Tigres formaron una fila sin los habituales golpes y empujones, y realizaron sus tiros por turnos, con gran **disciplina**.

   _____

Elemento de escritura: **Organización**

Nombre _____

A. Lee el siguiente borrador. Las preguntas te servirán para escribir un buen final.

Borrador

Susana dijo las últimas líneas de la obra y se oscureció el escenario. Volvieron las luces y el público aplaudió enérgicamente. ¡Lo había logrado!

---

1. ¿Cómo se siente Susana cuando oye la reacción del público?

2. ¿Qué aprende Susana sobre ella misma después de la presentación?

3. ¿Qué otros detalles podrían aclarar los sucesos anteriores y darle al lector una sensación de cierre?

B. Ahora, revisa el borrador y agrega detalles que le sirvan al lector para comprender mejor cómo se siente Susana y qué aprendió.

_____

_____

_____

_____

_____

_____

_____

Nombre _____

El estudiante que escribió los párrafos de abajo usó detalles de diferentes fuentes para responder a la instrucción: *En* Relato de un náufrago, *hay una introducción y una conclusión escritas en tercera persona y una narración en primera persona. Escribe una historia similar a la de "Afrontar un reto" usando esa estructura. Agrega dos subtítulos para dividir el relato.*

Es un día de invierno en Minnesota. Esteban se prepara para su segunda lección de patinaje sobre hielo. No le gusta mucho, pero su madre insiste en que aprenderá a disfrutarlo.

Preparación mental

Mi mamá quiere que aprenda a patinar sobre hielo. No sé por qué insiste. A mí me gustan el verano y jugar al béisbol. La semana pasada tuve la primera lección y no me gustó mucho. Pierdo el equilibrio sobre los patines y tengo miedo de caerme sobre el duro hielo. Pero tal vez vaya a algunas lecciones más. ¿Quién sabe? Quizás hasta sea un excelente jugador de *hockey*.

El primer giro

Ya me puse los patines. Me deslizo muy lentamente hasta el instructor. El Sr. Gómez nos indica a todos cómo recorrer cortas distancias. Muevo mis pies pocos centímetros, pero es suficiente para lograr un giro. ¡Ni yo entiendo cómo lo logré! El Sr. Gómez me mira estupefacto.

Al cabo de un mes, Esteban hizo tantos progresos que el instructor lo incorpora al equipo. Un año más tarde, gracias a Esteban, el equipo de hockey logra la copa para su escuela. Es el comienzo de una carrera brillante.

Vuelve a leer el pasaje. Realiza los siguientes ejercicios.

1. **Encierra en un círculo** los detalles descriptivos que introducen la historia.

2. **Encierra en un recuadro** los detalles relevantes que revelan el problema del narrador.

3. **Subraya** el buen final que representa la conclusión de la historia.

4. Escribe en la línea uno de los verbos en modo subjuntivo que Evelyn usa en el texto.

_____

Nombre _____

acumular	enrumbar	sobrar	inventiva
afán	percatarse	sustancia	productividad

Escribe una oración con cada palabra de vocabulario.

1. afán

_____

2. sobrar

_____

3. percatarse

_____

4. enrumbar

_____

5. acumular

_____

6. sustancia

_____

7. productividad

_____

8. inventiva

_____

Nombre _____

Lee la selección. Completa el organizador gráfico de secuencia.

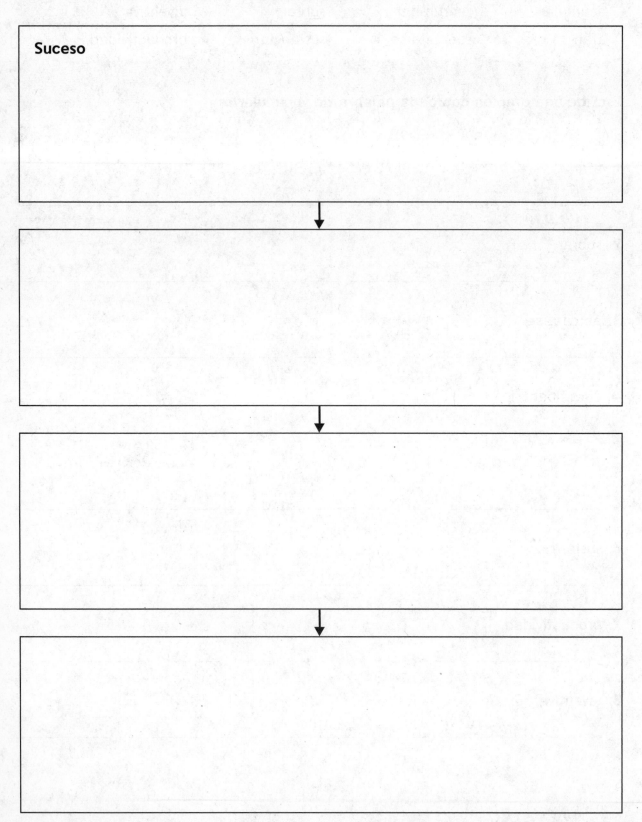

Suceso

Nombre _____

A. Vuelve a leer el pasaje y responde las preguntas.

1. ¿Cuál es el problema principal mencionado en el primer párrafo?

_____

_____

2. Menciona los sucesos de la sección "Trabajo en equipo" que ayudaron al poblado de Modderspruit, Sudáfrica, a hacer una perforación e instalar una bomba de agua.

_____

_____

_____

_____

_____

3. ¿Cuál fue el resultado de los pasos que siguieron los pobladores para solucionar el problema del agua?

_____

_____

_____

B. Trabaja con un compañero o compañera. En voz alta, lean el pasaje durante un minuto. Presten atención al ritmo y la precisión. Completen la tabla.

	Palabras leídas	–	Cantidad de errores	=	Palabras correctas
Primera lectura		–		=	
Segunda lectura		–		=	

Nombre _____

Una comunidad de Florida vence a los contaminadores

En Ocala, Florida, funcionó durante treinta años una fábrica de carbón, propiedad de la Sociedad Anónima Royal Oak. Ruth Reed, líder de una comunidad de propietarios afroamericanos, organizó a sus vecinos para exigir que la fábrica dejara de contaminar el aire. El grupo escribió cartas a funcionarios estatales y municipales. Al no recibir respuestas, colgaron sábanas para atrapar el hollín de la fábrica y las llevaron como prueba a las reuniones del concejo municipal. Finalmente, los funcionarios gubernamentales los escucharon y dijeron que harían una investigación. Como la agrupación de Ruth no confiaba en ellos, contrató a sus propios especialistas para analizar el aire. Royal Oak decidió cerrar la fábrica por miedo a lo que las pruebas pudieran revelar.

Responde las preguntas acerca del texto.

1. ¿Qué dos características de la narrativa de no ficción encuentras?

   _____

   _____

   _____

2. ¿Cuál es el tema del texto? ¿Cuál fue la primera clave que hallaste?

   _____

   _____

3. Da un ejemplo en el que se manifieste el tono y el punto de vista del autor.

   _____

   _____

4. Menciona dos sucesos importantes del texto que sean relevantes para el cuento.

   _____

   _____

   _____

Nombre _____

A. Elige los prefijos *im-/in-* o *trans-* para cambiar el significado de las siguientes palabras. Luego, usa la palabra en una oración.

1. formar _____
_____

2. probable _____
_____

3. posible _____
_____

4. útil _____
_____

5. portar _____
_____

B. Lee las siguientes palabras. Escribe de qué manera cambia la parte del discurso cuando cambia el sufijo.

6. contaminada ⟶ contaminación
_____

7. cooperativo ⟶ cooperación
_____

8. bomba ⟶ bombear
_____

9. sol ⟶ solar
_____

10. disponible ⟶ disponibilidad
_____

Nombre _____

A. Lee el siguiente borrador. Las preguntas te servirán para pensar en qué detalles y evidencia relevantes puedes agregar.

Borrador

Mamá y papá estaban cansados porque tienen tres hijos y trabajo a tiempo completo. Me puse de acuerdo con mis hermanos para preparar la cena dos veces a la semana. Ahora todo funciona mejor.

---

1. ¿Qué sucesos, ejemplos o citas agregarías para que el lector comprendiera la situación de la familia?

2. ¿Qué detalles agregarías para que el lector comprendiera las acciones del narrador?

3. ¿Qué detalles ayudarían al lector a comprender y visualizar mejor el final?

B. Ahora, revisa el borrador. Agrega detalles y evidencia relevantes para que el lector conozca más sobre la manera en que la familia soluciona el problema.

_____

_____

_____

_____

_____

_____

Nombre _____

El estudiante que escribió los párrafos de abajo usó detalles de diferentes fuentes para responder a la instrucción: *¿Por qué es importante el trabajo en equipo en las historias* Aviador Santiago *y "Caja de ideas"?*

Tanto en *Aviador Santiago* como en "Caja de ideas", el trabajo en equipo es importante porque les permite a los protagonistas superar los retos a los que se enfrentan. Por ejemplo, en *Aviador Santiago*, el protagonista es un niño a quien le gustaría poder volar como los pájaros. Cuando a su pueblo llega un señor que vende y compra cosas usadas, Santiago descubre que tiene un pájaro encerrado en un botellón. Para poder comprarlo y salvarlo, Santiago y su amigo Emilio deben conseguir ciento cincuenta botellas vacías para comprar el pájaro al señor y poder devolverle su libertad. Juntos, buscan toda la tarde en todas las casas y tiendas de la vecindad.

En "Caja de ideas", Inés y sus amigos trabajan juntos para pensar en maneras de recaudar dinero para comprar libros para la biblioteca escolar. La Sra. Cerda les enseña sobre los nichos tradicionales, cajas artesanales que las personas han construido durante años y que simbolizan aspectos importantes de una familia o una comunidad. Los niños deciden trabajar juntos para crear y vender sus propios nichos y así recaudar dinero para la biblioteca.

Tanto Santiago y Emilio como los niños de "Caja de ideas" trabajaron juntos para superar los retos a los que se enfrentaban y así lograron sus objetivos.

Vuelve a leer el pasaje. Realiza los siguientes ejercicios.

1. **Encierra en un círculo** la oración que indica la idea principal.

2. ¿De qué manera trabajaron juntos Santiago y Emilio? **Encierra en un recuadro** la evidencia relevante que muestra lo que hicieron.

3. **Subraya** la conclusión del texto con la que se resume por qué es importante trabajar juntos.

4. Escribe en la línea el verbo auxiliar y el verbo copulativo que Dena usa en el texto.

_____

Nombre _____

aconsejar	matricularse	prominente	disciplina
indagar	otorgar	publicación	persistencia

**Escribe una oración completa para responder cada pregunta.
Incluye la palabra en negrilla en tu respuesta.**

1. ¿Qué le **aconsejarías** a un amigo para que aprobara un examen? _____

_____

2. ¿Por qué es importante **indagar** sobre un tema cuando necesitas saber más sobre él?

_____

_____

3. ¿Qué necesitas para **matricularte** en la escuela? _____

_____

4. ¿Qué premio **otorgarías** en un concurso de ciencias? _____

_____

5. ¿Qué hace que un ciudadano sea **prominente**? _____

_____

6. ¿Qué tipo de **publicación** lees más a menudo? _____

_____

7. ¿En qué situación debes tener **disciplina**? _____

_____

8. ¿Qué puedes lograr con **persistencia**? _____

_____

Nombre _____

Pronto se transformó en un defensor de sus derechos y de los derechos de los demás. Cuando insultaban a un compañero de equipo, Clemente les hacía saber a todos que eso era incorrecto. Se convirtió en líder del sindicato de las Ligas Mayores, y exigió condiciones laborales justas para todos.

Los periodistas intentaron apodarlo Bob o Bobby, pero él rechazaba esos nombres estadounidenses. Explicaba que él era de Puerto Rico y que su nombre era Roberto. Estaba orgulloso de su herencia cultural.

¡A jugar!

Clemente era una máquina. Era un fuerte bateador, con un promedio de bateo de 0.317; dejaba fuera de juego a los bateadores más prometedores, y podía correr pelotas entre el jardín derecho y el centro del campo a gran velocidad. Sus seguidores estaban deslumbrados con su fuerte brazo lanzador.

Clemente ganó muchos premios. Obtuvo cuatro títulos de bateo de la Liga Nacional y fue uno de los únicos diez jugadores de la historia en lograr 3,000 *hits*. Fue reconocido con doce Guantes de Oro, una distinción que se le entrega al mejor jugador de la liga.

Un gesto solidario

Clemente planeaba y ejecutaba. En 1972, Nicaragua sufrió un intenso terremoto. Clemente reunió suministros para auxiliar a las víctimas. En la víspera de Año Nuevo se despidió de su esposa y tomó un vuelo hacia Nicaragua. Poco después de que el avión despegara, uno de los motores explotó. Luego se produjo una nueva explosión, a la que le siguieron dos estallidos más. El avión se desplomó a tierra. Los aficionados de todo el mundo recibieron la noticia con gran pesadumbre.

Don Tremain/Photodisc/Getty Images

Clemente había visto a personas que pasaban por una situación difícil y había querido ayudarlos. Murió al servicio de los demás, fiel a su filosofía de vida. Fue un hombre íntegro, coherente con sus creencias y principios.

Clemente estaba dispuesto a romper barreras y a abrir un camino que otros pudieran seguir.

Nombre _____

A. Vuelve a leer el pasaje y responde las preguntas.

1. Menciona dos efectos de la discriminación que sufría Clemente en la década de 1950.

   _____

   _____

2. Menciona dos efectos de la gran destreza que tenía Clemente para jugar béisbol profesional.

   _____

   _____

3. ¿Qué hizo que Clemente viajara a Nicaragua en 1972?

   _____

   _____

4. ¿Qué efecto tuvieron la carrera y la vida de Clemente en los jugadores de origen latino que practicaban béisbol profesional?

   _____

   _____

B. Trabaja con un compañero o compañera. En voz alta, lean el pasaje durante un minuto. Presten atención al fraseo y el ritmo. Completen la tabla.

	Palabras leídas	–	Cantidad de errores	=	Palabras correctas
Primera lectura		–		=	
Segunda lectura		–		=	

Nombre _____

Thurgood Marshall: el primer juez afroamericano de la Corte Suprema

Thurgood Marshall nació el 2 de julio de 1908 en Baltimore, Maryland. Después de terminar el colegio, vivió la primera experiencia de racismo en carne propia. Lo rechazaron de la facultad de derecho de la Universidad de Maryland porque no era blanco. ¿Cómo podía superar ese brillante hombre aquel obstáculo? Siguió adelante con su sueño y asistió a la facultad de derecho de la Universidad de Howard. Después de graduarse con la mejor nota de la clase, Marshall pensó: "quiero trabajar por los derechos de todos", así que se convirtió en abogado por los derechos civiles. Su victoria más importante fue el caso de Brown contra la Junta de Educación de Topeka, en 1954. En ese caso, la Corte Suprema determinó inconstitucional la segregación racial en los colegios públicos. En 1967, Marshall se convirtió en el primer afroamericano de la Corte Suprema. Como juez de la Corte Suprema, trabajó a favor de los derechos civiles hasta que se jubiló en 1991. Murió en 1993.

Responde las preguntas acerca del texto.

1. ¿Cómo sabes que este texto es una biografía? ¿De quién se trata?

_____

_____

2. ¿Qué oración del texto agrega suspenso y despierta tu curiosidad?

_____

3. ¿Qué parte del texto presenta un pensamiento de Marshall?

_____

_____

4. ¿Qué sucesos crees que llevaron a Marshall a convertirse en abogado por los derechos civiles?

_____

Nombre _____

**Lee cada pasaje. Subraya las claves que sirven para comprender
el significado de la palabra en negrilla. Luego, escribe la
definición en la línea.**

1. Estuvo con los Piratas durante dieciocho temporadas, hasta su
   prematura muerte a los 38 años en un accidente de avión.

   _____

2. Clemente superó las **barreras** raciales de su época. Para cumplir
   sus metas, tuvo que superar muchos obstáculos.

   _____

3. Cuando Clemente llegó a Estados Unidos no sabía hablar
   inglés. Pero el peor obstáculo que tuvo que afrontar fue la
   discriminación. Antes de llegar, nunca había pensado en el
   color de su piel. Sin embargo, en la década de 1950 existían en
   Estados Unidos leyes que separaban a las personas blancas
   de las personas de color.

   _____

   _____

4. Explicaba que él era de Puerto Rico y que su nombre era
   Roberto. Estaba orgulloso de su **herencia** cultural.

   _____

5. Clemente era una **máquina**. Era un fuerte bateador, con
   un promedio de bateo de 0.317; dejaba fuera de juego a los
   bateadores más prometedores, y podía correr pelotas entre el
   jardín derecho y el centro del campo a gran velocidad.

   _____

6. Fue un hombre **íntegro**, coherente con sus creencias y principios.

   _____

Nombre _____

A. Lee el siguiente borrador. Las preguntas te servirán para pensar cómo darle una voz característica al texto.

Borrador

El cielo estaba oscuro. El viento soplaba fuerte. Cayó un árbol en el patio y se apagaron las luces. Mi hermanito se puso a llorar, pero mamá prendió las velas con calma y empezó a contarnos cuentos.

---

1. ¿Cómo cambiarías la primera oración para darle un estilo y tono más intrigante?

2. ¿Qué detalles sensoriales servirían para describir la tormenta?

3. ¿Qué detalles explicarían las emociones del narrador?

4. ¿Qué detalles reflejarían la actitud del autor con respecto a la madre?

B. Ahora, revisa el borrador y agrega adjetivos y verbos expresivos para presentar la información con una voz más intrigante.

_____

_____

_____

_____

_____

_____

_____

_____

Nombre_____

El estudiante que escribió los párrafos de abajo usó detalles de diferentes fuentes para responder a la instrucción: *¿En qué se parecen el camino al éxito de Gabriel García Márquez y el de María Elena Walsh?*

Gabriel García Márquez y María Elena Walsh son importantes escritores latinoamericanos cuyos caminos al éxito fueron similares, especialmente en sus años de infancia. Gabito, como le decían a García Márquez, tenía una relación especial con sus abuelos. Su abuelo lo inició en el uso del diccionario y lo llevaba a diferentes lugares para aprender y conocer cosas nuevas. Todas las noches, su abuela le contaba historias, que funcionarían como combustible de sus ideas como escritor. María Elena Walsh, siendo niña, disfrutaba leyendo cuentos y poesías. Con su padre y su hermana cantaba canciones inglesas con juegos de palabras. Esto probaría ser fundamental para su obra futura.

Tanto Gabito como María Elena publicaron obras siendo aún adolescentes. Esto les permitiría obtener la confianza necesaria para enfrentar los retos futuros. García Márquez publicó sus primeros poemas en la revista *Juventud* cuando estaba en la escuela. Los primeros poemas de Walsh fueron publicados en la revista *El Hogar*, cuando tenía tan solo catorce años. Pudo publicar su primer libro, *Otoño imperdonable*, con ayuda de sus padres, cuando tenía diecisiete años. Gabito, en cambio, debió esperar hasta sus 28 años para ver publicada su primera novela, *La hojarasca*.

Vuelve a leer el pasaje. Realiza los siguientes ejercicios.

1. ¿En qué se parecen el camino al éxito de Gabriel García Márquez y el de María Elena Walsh? **Encierra en un círculo** la oración que introduce el tema principal.

2. **Encierra en un recuadro** una oración con una comparación entre Gabriel García Márquez y María Elena Walsh.

3. **Subraya** una oración que muestre cómo se utiliza el lenguaje que le da estilo al texto.

4. Escribe en la línea un infinitivo, un participio y un gerundio del texto.

_____

_____

Nombre _____

aislamiento	invasivo	normal	defensor
inicial	irracional	optar	óptimo

Completa cada oración con la palabra que se indica.

1. **(inicial)** Tuvieron que pensar en otra solución _____

_____ .

2. **(normal)** En mi barrio _____

_____ .

3. **(irracional)** La idea de que _____

_____ .

4. **(optar)** En la clase _____

_____ .

5. **(óptimo)** El verano es _____

_____ .

6. **(defensor)** Mi papá jugaba como _____

_____ .

7 . **(aislamiento)** En mi casa colocaron _____

_____ .

8. **(invasivo)** La enredadera era muy pintoresca, pero _____

_____ .

Nombre _____

Lee la selección. Completa el organizador gráfico de idea principal y detalles clave.

Idea principal
Detalle
Detalle
Detalle

Nombre _____

Lee el pasaje. Aplica la estrategia de hacer y responder preguntas para verificar que has comprendido la lectura.

Árboles para África

9	Los ambientalistas están convocando a voluntarios para plantar millones de árboles, en el marco de un programa para mejorar la calidad vida en
23	África. ¿De qué manera puede este proyecto elevar la calidad de vida?
35	Muchos bosques de África no han sido conservados. En lugar de recibir
47	protección, los bosques han sido excesivamente talados. La deforestación
56	puede producir resultados nefastos. Menos lluvia, más calor y más erosión
67	son solo algunos de los efectos adversos de la deforestación. En estas
79	condiciones, los cultivos pueden estropearse, y eso conduce a terribles
89	hambrunas. Cuando las personas compiten por los recursos, se pueden
99	generar conflictos. Los ambientalistas creen que plantar una gran cantidad
109	de árboles llevará a revertir el proceso de deforestación.

118	**Educar para el cambio**
122	Conocer las consecuencias de la destrucción de los bosques es el primer
134	paso para evitar que ocurra. La gente comprende ahora qué se hizo mal
147	y qué hay que hacer para recuperar los bosques, pero en el pasado nadie
161	consideraba la posibilidad de que algún día no hubiera árboles. Ahora
172	sabemos que, cuando los árboles dejen de existir, se verán afectados el
184	clima, la tierra y las personas. Cuando los árboles desaparecen, deben ser
196	reemplazados.
197	Los habitantes de África han aprendido mucho sobre los árboles
207	y el efecto invernadero. Las plantas almacenan dióxido de carbono
217	(CO_2). Cuando los árboles se pudren o se queman, liberan CO_2 hacia la
230	atmósfera, lo que causa el efecto invernadero. Los gases como el CO_2
242	mantienen el calor cerca de la Tierra. Actúan como el techo de vidrio de
256	un invernadero, que mantiene el calor del sol. El efecto invernadero puede
268	hacer que el clima se vuelva más cálido. Los africanos están aprendiendo
280	a mejorar el medioambiente plantando árboles y protegiendo este recurso
290	tan importante.

Nombre _____

RIPPLE: Cocinas y árboles frutales

RIPPLE es una organización de Malaui, África, que ayudó a plantar millones de árboles para mejorar el medioambiente. Algunas familias recibieron hasta veinticinco árboles, y aprendieron a cortar solo las ramas para hacer fuego. Además de ese proyecto, RIPPLE lleva a cabo uno de fabricación de cocinas. Enseñan a las personas a construir cocinas con ladrillos de barro. Y proveen un nuevo combustible para evitar que se talen árboles. También ayudan a los pobladores de Malaui a cultivar árboles frutales, que cubren necesidades alimenticias y producen ingresos monetarios. Esto estimula la plantación de más árboles.

El Movimiento Cinturón Verde: Wangari Maathai

La doctora Wangari Maathai, originaria de Kenia y ganadora del Premio Nobel de la Paz, también ayuda, desde 1976, a los pobladores de África a proteger su medioambiente plantando árboles. A través del Movimiento Cinturón Verde, Maathai ayudó a muchas mujeres a plantar más de 40 millones de árboles. En la Organización de las Naciones Unidas, la doctora Maathai hizo un llamado a todos los países sobre este tema.

La Fundación Vida Silvestre de África

La Fundación Vida Silvestre de África (AWF) trabaja para revertir la deforestación. La AWF estudió la disminución de la superficie boscosa en el marco de un proyecto para reducir las emanaciones de CO_2. En este sentido, planificaron incrementar la superficie de bosques y luchar contra su disminución. Encontraron lugares aptos para plantar vástagos, que luego podrían transformarse en una fuente de ingresos. Una vez que crecían, la AWF compraba esos árboles para la reforestación. El doctor Steven Kiruswa, exdirector de la AWF de Tanzania, afirma: "La AWF es consciente de la amenaza que representa para África el cambio climático, y está trabajando para reducir el CO_2 y la deforestación".

¿Qué se necesita?

Revertir la deforestación lleva tiempo, pero muchos colaboran para lograr ese objetivo. Han decidido no cometer los mismos errores del pasado, y esperan que el trabajo conjunto ayude a mejorar el medioambiente.

Nombre _____

A. Vuelve a leer el pasaje y responde las preguntas.

1. Menciona tres detalles que sostienen la idea principal de que la deforestación puede causar resultados nefastos.

_____

_____

_____

2. ¿Cuál es la idea principal del tercer párrafo de la segunda página?

_____

_____

3. ¿Cuál es la idea principal de todo el pasaje?

_____

_____

4. Menciona dos detalles que sostienen la idea principal del pasaje.

_____

_____

_____

B. Trabaja con un compañero o compañera. En voz alta, lean el pasaje durante un minuto. Presten atención al ritmo y la precisión. Completen la tabla.

	Palabras leídas	–	Cantidad de errores	=	Palabras correctas
Primera lectura		–		=	
Segunda lectura		–		=	

Nombre _____

Hacer prendas a partir de bolsas de plástico

Como parte del movimiento ecológico mundial, algunos diseñadores de moda crearon prendas a partir de bolsas de plástico. Puedes hacerlo de la siguiente manera. Primero, alisa tres o cuatro bolsas, y recorta las manijas y las uniones de la base. Luego, apila las bolsas. Coloca papel por encima y por debajo. Luego, plancha durante quince segundos cada lado. Deja que se seque y luego retira el papel. Utiliza tu nueva tela de plástico para coser vestidos, bolsos, billeteras y otras prendas.

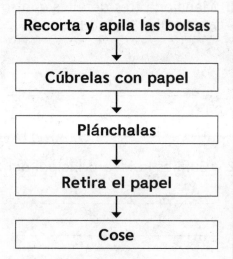

Responde las preguntas acerca del texto.

1. ¿Cómo sabes que este es un texto expositivo?

   _____

   _____

2. ¿Qué características del texto contiene?

   _____

3. ¿Te parece que el texto tiene un buen título? ¿Por qué?

   _____

   _____

4. ¿Qué información brinda el diagrama de flujo?

   _____

   _____

Nombre _____

Lee cada pasaje. Observa la palabra en negrilla. Si la palabra subrayada es una clave de sinónimo, escribe *S* al lado del pasaje. Si es una clave de antónimo, escribe *A*. Escribe el significado de la palabra en la línea. Luego, escribe una oración con esa palabra.

1. Muchos bosques de África no han sido **conservados**. En lugar de recibir protección, los bosques han sido excesivamente talados. _____

   _____

   _____

2. La deforestación puede producir resultados **nefastos**. Menos lluvia, más calor y más erosión son solo algunos de los efectos adversos de la deforestación. _____

   _____

   _____

3. Conocer las consecuencias de la **destrucción** de los bosques es el primer paso para evitar que ocurra. La gente comprende ahora qué se hizo mal y qué hay que hacer para recuperar los bosques, pero en el pasado nadie consideraba la posibilidad de que algún día no hubiera árboles. _____

   _____

   _____

4. Además de ese proyecto, RIPPLE lleva a cabo uno de **fabricación** de cocinas. Enseñan a las personas a construir cocinas con ladrillos de barro. _____

   _____

   _____

5. La AWF estudió la disminución de la superficie boscosa en el marco de un proyecto para **reducir** las emanaciones de CO_2. En este sentido, planificaron incrementar la superficie de bosques y luchar contra su disminución. _____

   _____

   _____

Nombre _____

A. Lee el siguiente borrador. Las preguntas te servirán para pensar cómo agregar opiniones opuestas y contraargumentos para mejorar el argumento del escritor.

Borrador

Todos deberíamos tener una bolsa reutilizable para las compras. Eso reduciría la cantidad de bolsas de plástico en los basurales.

---

1. ¿De qué manera puede el lector oponerse o criticar el enunciado de la primera oración? Convierte esa crítica en una opinión opuesta.

2. ¿Cuál sería un buen contraargumento para esa opinión opuesta?

3. ¿Cuál sería una posible opinión opuesta al enunciado de la segunda oración?

4. ¿Cuál sería un buen contraargumento a esa segunda opinión opuesta?

B. Ahora, revisa el borrador y agrega opiniones opuestas y contraargumentos a esas opiniones.

_____

_____

_____

_____

_____

_____

_____

_____

Nombre _____

El estudiante que escribió los párrafos de abajo usó detalles de diferentes fuentes para responder a la instrucción: *¿Es realmente posible generar un cambio en el medioambiente mediante el reciclaje, la recolección de residuos y el desarrollo del transporte público?*

Tomar medidas, sean grandes o pequeñas, para mejorar el medioambiente marca una diferencia en la creación de un medioambiente más saludable.

Las grandes medidas, como la modernización del sistema de transporte público de una ciudad, pueden dar como resultado un aire más limpio. Por ejemplo, antes de la modernización del sistema del metro de Atenas, Grecia, millones de habitantes se desplazaban en autos, generando contaminación. La ciudad construyó dos nuevas líneas del metro y prohibió la circulación de autos particulares en el distrito comercial. Se estimaba que estos cambios "reducirían el ingreso de autos al centro de Atenas a 250,000 diarios". Claro que ir a trabajar en tu propio vehículo puede ser muy confortable, pero ¿cuánto tiempo puede tomarte llegar con millones de vehículos en la zona comercial?

Incluso una sola persona puede hacer una gran diferencia. Chad Pregracke comenzó recolectando basura. Tiempo después, Chad fundó su propia organización, que ha eliminado 6 millones de libras de basura de los ríos de Estados Unidos.

Tú también puedes marcar una diferencia. Si realizas un programa de reciclaje en la escuela, puedes evitar que mucha basura contamine el agua y los ríos. Desde una única persona recolectando basura, a un programa de reciclaje en la escuela, todos podemos tomar medidas para crear un medioambiente más saludable.

Vuelve a leer el pasaje. Realiza los siguientes ejercicios.

1. ¿Es posible marcar una diferencia mediante el reciclaje y la recolección de basura? **Encierra en un círculo** la oración que introduce la idea principal.

2. **Encierra en un recuadro** la evidencia relevante que apoya la afirmación.

3. **Subraya** una oración que contenga un contraargumento.

4. Escribe en la línea dos de los verbos irregulares conjugados que Fatimah usa en el texto.

_____

Nombre _____

alineado	eclipse	generar	inconveniente
periódico	prolongado	calamidad	tenacidad

Usa las dos palabras de vocabulario en una oración.

1. calamidad, generar

_____

_____

_____

2. prolongado, inconveniente

_____

_____

_____

3. alineado, periódico

_____

_____

_____

4. tenacidad, eclipse

_____

_____

_____

Nombre _____

Control del riesgo

La mayoría de los habitantes de California sabe que algún día pueden llegar a enfrentarse a un terremoto. La historia de los terremotos de California se remonta a más de doscientos años. El primer terremoto del cual se tiene registro ocurrió en 1769, cuando un explorador sintió que el suelo temblaba. El terremoto de San Francisco, en 1906, duró menos de un minuto, pero destruyó la ciudad. Entre 225,000 y 300,000 personas se quedaron sin hogar. Cinco grandes terremotos ocurrieron desde 1906. Estos desastres naturales obligaron a las autoridades de California a tomar medidas de prevención de riesgos.

Las autoridades llevaron a cabo investigaciones para ayudar a reducir la pérdida de vidas en los terremotos. Los legisladores han hecho cambios importantes en los códigos de construcción. Hoy en día, deben construirse casas y edificios más resistentes. Se elaboraron mapas para mostrar las áreas que se verían más afectadas por un terremoto. En esas áreas de alto riesgo no se puede construir. Los edificios más antiguos deben ser inspeccionados y las estructuras peligrosas deben estar señalizadas para advertir a las personas de eventuales accidentes. Los programas gubernamentales ayudan a financiar las reparaciones que sean necesarias.

En aquellos países en donde los edificios están construidos con adobe, es decir, ladrillos de barro y paja, el peligro es aun mayor, puesto que esas construcciones no están preparadas para soportar un terremoto. En ese caso, sí tiene sentido salir corriendo. En California, por el contrario, la mayor parte de los edificios no corren peligro de derrumbe. Los estrictos códigos de construcción han reducido las probabilidades de que eso suceda.

G.K. Gilbert/USGS

Cómo prevenir los daños evitables

En California, los científicos especialistas en terremotos, los profesionales de emergencias y los dirigentes de la comunidad trabajan juntos para afrontar estas situaciones. Ellos estudian las estructuras de las escuelas públicas para garantizar que los edificios escolares cumplan con las normas de seguridad. Los dirigentes publicaron un manual acerca de cómo comportarse en caso de que ocurra un terremoto. También llevan a cabo ejercicios públicos de simulación para que las personas puedan practicar el procedimiento "agacharse, ponerse a resguardo y aferrarse". Los niños disponen de un libro para colorear con consejos acerca de cómo protegerse. Si todos estamos preparados ante posibles terremotos, los daños serán, sin duda, menores.

Nombre _____

A. Vuelve a leer el pasaje y responde las preguntas.

1. ¿Cuáles son los hechos que señala el autor como las causas
de la mayoría de los accidentes durante un terremoto?

_____

_____

2. ¿Cuáles son los pasos que los rescatistas recomiendan seguir
durante un terremoto?

_____

_____

3. ¿El autor está de acuerdo con esa recomendación? ¿Por qué?

_____

_____

_____

4. ¿Cuál es el punto de vista del autor sobre la preparación en
caso de terremoto? ¿El autor es objetivo al presentar su punto
de vista? Explica tu respuesta.

_____

_____

_____

**B. Trabaja con un compañero o compañera. En voz alta, lean el pasaje durante
un minuto. Presten atención al punto de vista. Completen la tabla.**

	Palabras leídas	–	Cantidad de errores	=	Palabras correctas
Primera lectura		–		=	
Segunda lectura		–		=	

Reforestación en Guatemala

Pueblos enteros en Guatemala pueden desaparecer a causa de los aludes de barro. En 2005, Anne Hallum presenció los efectos devastadores de un alud. Recuerda que un matrimonio perdió su casa y a un hijo por un alud de barro. En gran parte, este problema se debe a la deforestación, o tala de árboles. "Aprendimos de la manera más dura que sin árboles estamos en peligro", dijo José Avelino Boc, quien cultiva limones y es miembro de la Alianza. Hallum, cofundadora de la Alianza Internacional de Reforestación (AIR), les enseña a los guatemaltecos, desde 1992, a plantar árboles para proteger sus bosques y sus pueblos. Hallum dijo: "Dar alimento, sombra, fertilizantes y protección contra los aludes: los árboles pueden hacer todo".

Lloyd Sutton/Alamy

Una forma de proteger a los pueblos de los aludes es replantar árboles.

Responde las preguntas acerca del texto.

1. ¿Qué características del texto encuentras en el pasaje?

_____

_____

2. ¿Qué evento se describe primero en el texto? ¿Qué acciones positivas surgen del hecho?

_____

_____

3. ¿De qué modo la fotografía y el pie de foto te sirven para entender mejor el texto?

_____

_____

Nombre _____

Lee los pasajes. Subraya las claves en el párrafo que te sirven para comprender el significado de la palabra en negrilla. Luego, escribe la definición en la línea.

1. En las áreas **costeras**, las enormes olas provocadas por maremotos llegan hasta la ciudad. Para afrontar estos desastres y salvar vidas, las personas deben estar preparadas.

_____

2. Curiosamente, los mayores riesgos están vinculados al modo como las personas actúan durante un terremoto. La reacción instintiva es dirigirse hacia el exterior para escapar. La mayoría de las lesiones se producen cuando las personas tratan de salir o de desplazarse de un lado a otro dentro de un edificio. Los techos y las ventanas rotos pueden herir a quien esté tratando de **huir**.

_____

3. El plan de acción en caso de terremoto se llama "agacharse, ponerse a resguardo y aferrarse". El primer paso es *agacharse*. Esto evita que caigas si el suelo se está moviendo. El siguiente paso es *ponerse a resguardo* debajo de una mesa o de un escritorio resistentes. Luego, hay que *aferrarse* a la mesa con fuerza. Si no tienes a mano una mesa resistente, busca la pared interior más cercana. Cúbrete la cabeza y el cuello con los brazos. Esto suena fácil, pero si este **procedimiento** no se practica a menudo, las personas pueden sentir pánico y salir corriendo.

_____

4. Hoy en día, deben construirse casas y edificios más resistentes. Se elaboraron mapas para mostrar las áreas que se verían más afectadas por un terremoto. En esas áreas de alto riesgo no se puede construir. Los edificios más antiguos deben ser inspeccionados y las estructuras peligrosas deben estar **señalizadas** para advertir a las personas de eventuales accidentes.

_____

Nombre _____

A. Lee el siguiente borrador. Las preguntas te servirán para pensar el orden de importancia que puedes agregar.

Borrador

Hay buenas razones para tener un equipo de emergencia ante terremotos. Si se corta la luz vamos a necesitar linternas. La línea de gas puede romperse, en ese caso vamos a necesitar alimentos listos para el consumo. El agua puede contaminarse, así que necesitaremos agua embotellada.

---

1. ¿Cuál es la razón más importante por la que se necesita un equipo de emergencia ante terremotos? ¿Qué palabras o frases pueden demostrar su importancia?

2. ¿Cómo pueden acomodarse o reacomodarse las otras razones para ayudar a clarificar la secuencia lógica del texto?

3. ¿Qué secuencia de palabras o frases sirven para clarificar la relación entre las ideas?

B. Ahora, revisa el borrador y agrega o reacomoda secuencias de palabras o frases para fortalecer el orden de importancia.

_____

_____

_____

_____

_____

_____

_____

_____

Nombre _____

El estudiante que escribió los párrafos de abajo usó detalles de diferentes fuentes para responder a la instrucción: *¿Cómo podría haberse evitado el* Dust Bowl *de la década de 1930?*

Si alguien como Erica Fernandez hubiera dado su opinión en la década de 1930, el *Dust Bowl* podría haberse evitado. Erica Fernandez evitó la construcción de una planta de gas natural licuado en su ciudad, así como la emisión de toneladas de contaminantes que esta habría producido. Ella logró hacerlo educando a las personas sobre los riesgos de la planta.

Desde hace siglos hay fuertes vientos en las Grandes Llanuras. Los incendios naturales quemaban las hierbas, pero el suelo siempre permanecía en buen estado. Las fuertes raíces de las hierbas lo mantenía en su lugar. Todos los años, las hierbas volvían a crecer.

Pero los granjeros comenzaron a cultivar trigo y maíz, cuyas raíces mueren cuando termina la temporada. Todos los años, los granjeros debían sembrar nuevas plantas de trigo y maíz. Después, cuando llegaron los fuertes vientos en la década de 1930, las raíces poco profundas no pudieron mantener el suelo en su lugar, y por eso el viento huracanado hizo levantar el polvo.

Si alguien hubiera educado a los granjeros sobre los problemas del suelo tal como Erica educó a otros sobre los peligros de la planta de gas natural, ellos podrían haberse dado cuenta de las condiciones que estaban creando. Entonces, quizá habrían elegido mejores métodos agrícolas. Esto podría haber evitado el *Dust Bowl*.

Vuelve a leer el pasaje. Realiza los siguientes ejercicios.

1. ¿Cómo podría haberse evitado el *Dust Bowl* de la década de 1930? **Encierra en un círculo** la oración que se utiliza para introducir la idea principal.

2. **Encierra en un recuadro** dos palabras de secuencia que se utilizan para ordenar los sucesos en el tiempo.

3. **Subraya** detalles relevantes que apoyan la idea principal.

4. Escribe en la línea el pronombre personal que Ben usa en el texto. Indica cuál es su antecedente.

Nombre _____

> | ánimo | determinación | drástico | entusiasta |
> | estudiantil | interferir | contratiempo | impedimento |

**Escribe una oración completa para responder cada pregunta.
Incluye la palabra en negrilla en tu respuesta.**

1. ¿Cómo está tu **ánimo** esta tarde? _____

_____

2. ¿Qué crees que pasaría si no hiciera su trabajo con tanta **determinación**? _____

_____

3. En caso de huracán, ¿qué medidas **drásticas** deberían tomarse? _____

_____

4. ¿Cuáles son las virtudes de una persona **entusiasta**? _____

_____

5. ¿Alguna vez has organizado una fiesta **estudiantil**? _____

_____

6. ¿Oyes ese sonido que **interfiere** en la radio? _____

_____

7. ¿Cómo evitarías un **contratiempo**? _____

_____

8. ¿Cuál podría ser el mayor **impedimento** para salir de campamento? _____

_____

Nombre _____

Lee la selección. Completa el organizador gráfico de punto de vista del autor.

Detalles		Punto de vista del autor
	→	

Nombre _____

Lee el pasaje. Aplica la estrategia de volver a leer para
verificar que lo entiendes a medida que leas.

Jesse Owens: un mensaje para el mundo

9	Jesse Owens fue una leyenda afroamericana del atletismo, que
19	estableció récords mundiales y que ganó cuatro medallas olímpicas de
32	oro. Sin lugar a dudas, Owens obtuvo una victoria personal en los Juegos
42	Olímpicos de 1936 celebrados en Berlín (Alemania). Sin embargo, sus
54	logros significaron mucho más para miles de personas de todo el mundo.
65	En ese momento, Alemania estaba gobernada por el líder nazi Adolfo
76	Hitler. Los nazis querían demostrar que los atletas blancos eran mejores
90	que los de cualquier otra raza, pero Jesse Owens asestó un golpe a ese
103	mito nazi con sus cuatro medallas de oro. Owens era claramente un atleta
	fuera de serie.

106 ¡En sus marcas, listos, fuera!

111	Cuando nació, en 1913, sus padres lo llamaron James Cleveland Owens.
122	En la década de 1920, su familia se fue de Alabama y se instaló en Ohio
138	en busca de una vida mejor. Fue allí donde un profesor confundió su
151	apodo, "JC", con el de "Jesse". Desde entonces, ese fue su nuevo nombre.
164	Owens se convirtió en una estrella del atletismo en la escuela secundaria,
176	donde batió récords en el salto de altura y en el salto de longitud. En 1933
192	comenzó sus estudios en la universidad estatal de Ohio, donde confirmó
203	ser un atleta excepcional. En 1935, Owens superó las marcas mundiales
214	de la carrera de los 100 metros llanos. Estableció también nuevos récords
226	para la carrera de 200 metros llanos, la carrera de relevos de 200 metros y
241	el salto de longitud. Pero Owens no se durmió en los laureles. Solo estaba
255	preparándose para los Juegos Olímpicos.
260	Hitler había prometido que no promovería el racismo durante los Juegos
271	Olímpicos de 1936, pues no quería perder la oportunidad de celebrarlos
282	en Alemania. Sin embargo, llegado el momento, las ideas nazis estaban
293	por doquier, en las banderas, en los saludos y en los símbolos. Los nazis
307	querían demostrar que las personas blancas y de ojos azules eran lo mejor.
320	Fue en ese contexto tenso y hostil en el que Jesse Owens compitió. Dando
334	lo mejor de sí, Owens demostró ante el mundo que los nazis estaban
347	equivocados, y no lo hizo solo una vez, sino cuatro.

Nombre _____

La excelencia se enfrenta a la discriminación

Si bien los nazis lo consideraban inferior, Owens estableció nuevos récords olímpicos y mundiales. En cuanto regresó a Estados Unidos, tuvo que probar su valentía una vez más. El público lo aclamaba, pero allí la discriminación era moneda corriente. Después de todos los problemas sorteados en Alemania, Owens todavía tenía que viajar en la parte trasera del autobús en su propio país. No podía elegir el lugar donde quería vivir, puesto que los afroamericanos no residían en los barrios blancos. Aunque era un héroe nacional, no fue invitado a la Casa Blanca para recibir los honores que merecía.

A pesar de sus problemas, Owens era un hombre que motivaba a los demás. Le gustaba hablar con grupos de jóvenes, asistir a reuniones y a eventos deportivos. A Owens le encantaba trabajar con la juventud. Desempeñó el cargo de director y miembro del consejo directivo del Club Chicago Boys. Transmitía su mensaje de vida a los jóvenes: "Busquen el bien. Está a su alrededor. Encuéntrenlo, muéstrenlo, y comenzarán a creer en él".

El merecido reconocimiento

El hombre que había cargado el peso del mundo sobre sus hombros y que había triunfado en los Juegos Olímpicos de 1936 recibió finalmente los honores que le correspondían. En 1976, Jesse Owens fue invitado a la Casa Blanca. Ese año, el presidente Gerald Ford lo premió con la Medalla de la Libertad. Tras la muerte de Owens, el presidente George H. W. Bush le concedió la Medalla de Oro del Congreso en 1990.

En la actualidad, el deseo de Owens de ayudar a la juventud continúa haciéndose realidad a través de la Fundación Jesse Owens. Sus tres hijas trabajan para mantener viva su misión. La fundación provee recursos económicos, apoyo y servicios a los jóvenes para que puedan batir sus propios récords y convertirse en lo que están destinados a ser.

Jesse Owens ganó cuatro medallas de oro en los Juegos Olímpicos de 1936.

Nombre _____

A. Vuelve a leer el pasaje y responde las preguntas.

1. De acuerdo con el autor, ¿cuáles fueron los logros de Jesse
   Owens en los Juegos Olímpicos de 1936?

   _____

   _____

   _____

2. De acuerdo con el autor, ¿cómo reaccionó Owens al regresar
   a su país después de los Juegos Olímpicos?

   _____

   _____

3. ¿Qué dice el autor sobre los honores que recibió Owens del
   presidente Ford en 1976 y del presidente Bush en 1990?

   _____

   _____

4. ¿Cuál es el punto de vista del autor sobre Jesse Owens?

   _____

   _____

**B. Trabaja con un compañero o compañera. En voz alta, lean el pasaje durante
un minuto. Presten atención al punto de vista. Completen la tabla.**

	Palabras leídas	–	Cantidad de errores	=	Palabras correctas
Primera lectura		–		=	
Segunda lectura		–		=	

Nombre _____

La batalla de Franklin D. Roosevelt contra la polio

Franklin D. Roosevelt (FDR) fue el presidente número 32 de Estados Unidos, y cumplió su mandato desde 1933 hasta 1945. Como fue el único presidente de Estados Unidos elegido cuatro veces, FDR vio dos crisis por las que atravesó el país: la Gran Depresión y la Segunda Guerra Mundial. Muchos estadounidenses no sabían en ese momento que FDR sufría una crisis privada. En 1921 se le diagnosticó polio, quedó paralizado y por muchos años estuvo confinado en una silla de ruedas. No dejó que su enfermedad lo detuviera y se volvió un campeón en la búsqueda de una cura contra la polio. Estas investigaciones finalmente dieron con una vacuna en 1955, diez años después de la muerte de FDR.

Sucesos más importantes en la vida de Franklin D. Roosevelt

Año(s)	Suceso
1921	Se le diagnostica polio.
1929–1939	La Gran Depresión.
1933–1945	FDR es elegido presidente de Estados Unidos.
1941	Estados Unidos entra en la Segunda Guerra Mundial.
1945	Finaliza la Segunda Guerra Mundial.
1945	El presidente Roosevelt muere.
1955	La vacuna Salk funciona.

Responde las preguntas acerca del texto.

1. ¿Qué piensas de FDR luego de leer el texto?

_____

_____

2. ¿Cómo está organizada la información en la tabla? ¿Cómo ayuda a entender los años de presidencia de FDR?

_____

_____

3. Escribe dos ejemplos de información adicional que presenta la tabla.

_____

_____

Nombre _____

A. Lee los pasajes. Descubre el significado de los modismos en negrillas observando el contexto y el significado literal de las palabras. Luego, escribe la definición del modismo en la línea.

1. Estableció también nuevos récords para la carrera de 200 metros llanos, la carrera de relevos de 200 metros y el salto de longitud. Pero Owens **no se durmió en los laureles**. Solo estaba preparándose para los Juegos Olímpicos.

   _____

2. El hombre que **había cargado el peso del mundo sobre sus hombros** y que había triunfado en los Juegos Olímpicos de 1936 recibió finalmente los honores que le correspondían.

   _____

3. En cuanto regresó a Estados Unidos, tuvo que probar su valentía una vez más. El público lo aclamaba, pero allí la discriminación era **moneda corriente**.

   _____

B. Usa cada modismo en una oración propia.

1. no dormirse en los laureles: _____

   _____

2. cargar el peso del mundo sobre los hombros: _____

   _____

3. moneda corriente: _____

   _____

Nombre _____

A. Lee el siguiente borrador. Las preguntas te servirán para pensar las transiciones que puedes agregar.

Borrador

Mi hermano nació muy saludable. Desarrolló un problema en el corazón. La debilidad de su corazón le produjo una enfermedad.

---

1. En el orden de los eventos, ¿cuándo nació su hermano? ¿Qué palabra o frase de transición le puede servir al lector para entender el orden?

2. ¿Cuándo desarrolló el problema en el corazón? ¿Qué transición le puede servir al lector para entender el orden?

3. ¿Qué transición le servirá al lector para entender por qué el problema en el corazón derivó en enfermedad?

B. Ahora, revisa el borrador y agrega transiciones para conectar ideas y enseñar cuándo sucedieron las cosas.

_____

_____

_____

_____

_____

_____

_____

Nombre _____

El estudiante que escribió los párrafos de abajo usó detalles de diferentes fuentes para responder a la instrucción: *En "¡Labra tu futuro!" aprendiste sobre la importancia de educarse y aprender herramientas para el futuro. Explica cómo la protagonista de* Gaby Brimmer *aprendió y usó estas herramientas en su vida.*

Gaby Brimmer nació en 1947 con parálisis cerebral. Este es un daño irreversible que ocurre en el sistema nervioso central. En el caso de Gaby, el problema fue causado por el factor Rh de la sangre. Gaby no podía hablar o caminar, ni comer o vestirse sola. Ya desde pequeña tuvo que enfrentarse a las adversidades de la vida.

Pero Gaby no se resignó. Sus padres la enviaron a un hospital en San Francisco para que aprendiera a valerse por sí misma. Si bien extrañaba a sus padres, aprendió a usar unos aparatos que le permitían caminar. Así Gaby aprendió que no todo estaba perdido. Tiempo después, su niñera Florencia se dio cuenta de que podía mover el pie izquierdo. A partir de este descubrimiento, Gaby comenzó a pulir su capacidad de comunicación. En la escuela, Gaby aprendió a leer y gracias a un tablero con letras impresas, y usando su pie izquierdo, aprendió a comunicarse. Luego, aprendió a usar una máquina de escribir y una computadora.

Más adelante Gaby fue a la preparatoria, donde aprendió no solo nuevos conocimientos sino a relacionarse con sus compañeros. Tiempo después, estudió Sociología y Periodismo en la universidad. Ya adulta, Gaby ayudó a fundar ADEPAM, una asociación para ayudar a las personas con alteraciones motoras.

La historia de Gaby demuestra la importancia de las herramientas adquiridas para labrar el futuro. Al igual que el arquitecto de "¡Labra tu futuro!", Gaby pasó su vida perfeccionándose no solo para superar sus retos personales sino para ayudar a los demás a superar los suyos.

Vuelve a leer el pasaje. Realiza los siguientes ejercicios.

1. ¿Por qué Gaby Brimmer tuvo que enfrentarse a adversidades? **Encierra en un círculo** la evidencia del texto que apoya esta afirmación.

2. **Encierra en un recuadro** una oración de transición que se utiliza para indicar que un suceso es posterior a otro.

3. **Subraya** la frase de conclusión que compara las dos fuentes.

4. Escribe en la línea el pronombre demostrativo que Maria usa en el texto.

_____

Nombre _____

benefactor	cuidadoso	indeciso	intentar
multitud	vacilación	empatía	implicar

Completa cada oración con la palabra que se indica.

1. **(multitud)** En la primavera, en el parque _____
   _____ .

2. **(implicar)** Estar en el equipo de danza _____
   _____ .

3. **(benefactor)** Nuestra escuela necesitaba dinero para ampliar la biblioteca _____
   _____ .

4. **(cuidadoso)** Como no estaba muy seguro de lo que mi mamá deseaba, _____
   _____ .

5. **(vacilación)** Preferimos evitar el puente colgante _____
   _____ .

6. **(empatía)** En el equipo se lo consideraba un gran líder _____
   _____ .

7. **(intentar)** Cuando las cosas no salen _____
   _____ .

8. **(indeciso)** Después de una hora de _____
   _____ .

Nombre _____

Lee la selección. Completa el organizador gráfico de tema.

Detalle

↓

Detalle

↓

Detalle

↓

Tema

Nombre _____

Lee el pasaje. Aplica la estrategia de resumir para verificar
que has comprendido la lectura.

Decisiones

	ESCENA 1: *Habitación de Sara, por la tarde. Las paredes están*
11	*empapeladas con carteles de su banda favorita,* Los Sombreros Negros.
21	*Sara está sentada en su escritorio, tecleando frenéticamente en su*
31	*computadora mientras habla por teléfono.*
36	**SARA** *(Preocupada).* No puedo entrar en el sitio donde venden los
47	boletos. Algo no está funcionando bien, simplemente NO funciona. ¿Qué?
57	¿De veras? *(Enfadándose cada vez más).* ¿Ya no quedan más boletos? ¿No
69	hay nada que se pueda hacer? *(Breve pausa).* Adiós. *(Cuelga el teléfono y se le*
84	*cae una lágrima. La puerta se abre y Dani, su hermano mayor, entra preocupado*
98	*en la habitación).*
101	**DANI** ¿Estás bien, hermanita?
105	**SARA** No, estoy hecha un desastre. Ya no quedan boletos para el
117	concierto. *(De repente, comienza a llorar a gritos).* ¡Tenía tantas ganas de ir!
130	**DANI** Sí, tus expectativas eran altísimas. Lo siento de veras.
140	**SARA** *(Lloriqueando y secándose las lágrimas).* Oh, bueno, la señora
150	Alicia quería saber si podía cuidar a los gemelos esa noche, porque es su
164	aniversario de bodas. Supongo que ahora puedo decirle que sí.
174	**DANI** Tú seguro que los cuidas mejor que yo. Esos gemelos son una
187	verdadera pesadilla. Yo los cuidé una vez y prometí no volver a hacerlo
200	nunca más.
202	**ESCENA 2:** *Es un par de semanas más tarde, y Sara está en su cama*
217	*leyendo un libro. Oímos que su madre la llama.*
226	**VOZ DE LA MADRE** ¿Sara? *(Ruido de pasos rápidos subiendo las*
237	*escaleras. El alboroto que se escucha es Rita subiendo las escaleras a toda*
250	*velocidad).*
251	**RITA** *(Emocionada).* ¡Tengo una noticia increíble para darte! Alguien le
261	dio a mi tía dos boletos para el concierto de esta noche, pero ella no tiene
277	ganas de ir, así que imagina a qué dúo le tocan...
288	**SARA** *(Saltando de emoción).* ¡Sí! *(Haciendo una mueca y dejando escapar un*
300	*quejido).* ¡Oh, no! Le dije a mi vecina que cuidaría de sus hijos.

Nombre _____

RITA Dile que no puedes. Esto es sin duda más importante, algo que no se repetirá.

SARA Es su aniversario de bodas, de modo que no puedo dejarla en la estacada.

RITA Eso es una locura total. Son *Los Sombreros Negros*, tu banda favorita desde siempre. ¡Quién sabe cuándo volverán! Por otro lado, los aniversarios de boda se celebran todos los años.

SARA Tienes razón. Quizás ella esté de acuerdo en festejar mañana en lugar de esta noche, pues no cambiará el hecho de que sigan casados.

ESCENA 3 *Sara está de pie frente a la casa de la señora Alicia. Justo cuando está por golpear a la puerta, Alicia se detiene en la entrada y baja del auto con las bolsas de las compras.*

SEÑORA ALICIA ¡Hola, Sara! Acabo de comprar el vestido más hermoso de todos para mi cena de aniversario. Reservamos una mesa en el nuevo restaurante de moda. No me alcanzan las palabras para expresar la alegría que me diste cuando aceptaste cuidar de los gemelos. ¡Será un décimo aniversario perfecto!

SARA *(Tratando de parecer feliz).* ¡Genial! Solo quería confirmar que vendría. Nos vemos esta noche.

ESCENA 4 *Cocina de la casa de Sara. Dani está haciendo su tarea sobre la mesa desordenada. Sara entra.*

SARA Hola, magnífico hermano. Rita me consiguió un boleto para el concierto de esta noche, pero me he comprometido a cuidar de los gemelos.

DANI Yo sé lo que me vas a pedir, y la respuesta es no. De ninguna manera puedo ayudarte esta vez. No solo los gemelos son una pesadilla, sino que, además, tengo que hacer la tarea. Y, por si fuera poco, le prometí a mamá que limpiaría mi habitación de una buena vez.

SARA ¿Qué pasa si me comprometo a limpiar tu habitación desagradable y llena de bacterias? Te aseguro que quedará inmaculada.

DANI No vale la pena.

SARA ¿Qué pasa si me comprometo a limpiarla durante un mes? ¡Haz esto por mí!

DANI ¿Un mes? Eso sí que equivale a pasar una noche con los gemelos insoportables. Trato hecho.

SARA ¡Fantástico, hermanito! *Sombreros Negros*, allá voy.

Nombre _____

A. Vuelve a leer el pasaje y responde las preguntas.

1. ¿Cuál es el conflicto de Sara en la escena 2?

_____

_____

2. En la escena 3, ¿por qué se dirige Sara a la casa de la señora Alicia? ¿Qué sucede?

_____

_____

_____

_____

3. ¿Cómo reacciona el hermano de Sara cuando ella le pide que cuide a los niños en la escena 4? ¿Qué le ofrece Sara para que su hermano acepte?

_____

_____

4. ¿Cuál crees que es el tema, o mensaje, en esta obra de teatro?

_____

_____

B. Trabaja con un compañero o compañera. En voz alta, lean el pasaje durante un minuto. Presten atención al tema. Completen la tabla.

	Palabras leídas	–	Cantidad de errores	=	Palabras correctas
Primera lectura		–		=	
Segunda lectura		–		=	

¡Rock & Roll!

ESCENA 2 *Sótano de la casa de Pedro. Pedro afina su guitarra y Miguel prepara la batería.*

Pedro *(Rasgueando la guitarra).* Oye, Miguel, ¿estás preparado para escuchar la nueva canción que he escrito?

Miguel Sí, ¿por qué no? Escuchémosla.

Pedro enciende el amplificador, empieza a tocar muy fuerte y a cantar con una voz áspera. A medida que la canción aumenta en volumen e intensidad, Miguel se levanta y empieza a dar vueltas, incómodo, por la sala. Sacude los pies nerviosamente mientras Pedro termina su canción con dos acordes muy altos (bom, bomp, BOOOOOOMP) y un grito feroz frente el micrófono.

Pedro *(Rompiendo el silencio).* Y... ¿Qué te pareció? Será nuestro primer gran éxito, ¿verdad?

Miguel *(Presionándose el mentón como si estuviera reflexionando profundamente).* Eh, bueno... Es muy original. Quiero decir, nunca escuché nada parecido a eso... *(Su voz se deshace).*

Pedro: ¡De pelos! Sabía que te gustaría.

Responde las preguntas acerca del texto.

1. Señala tres características que indican que es de una obra de teatro.

   _____

2. ¿Qué característica del texto indica en dónde toma acción la escena?

   _____

3. ¿En qué momento de la obra sucede la acción?

   _____

   _____

4. ¿Cuál crees que es el conflicto de Miguel? ¿Lo resuelve?

   _____

   _____

   _____

Nombre _____

A. Escribe la definición de cada palabra. Luego, escribe un homófono.

1. Hay _____

2. Siento _____

3. Oh _____

4. hecho _____

5. casados _____

B. Termina las oraciones de dos maneras, cada una con un homófono distinto.

6. (casa/caza) Iremos _____

   Iremos _____

7. (hola/ola) El otro día _____

   El otro día _____

8. (vez/ves) En la escuela _____

   _____

   En la escuela _____

9. (haz/as) El profesor _____

   _____

   El profesor _____

Nombre _____

A. Lee el siguiente borrador. Las preguntas te servirán para pensar los diálogos que puedes agregar para desarrollar mejores personajes.

Borrador

—Hagamos algo para ayudar a Laura con las matemáticas —sugirió Manuel—. Facundo preguntó:

—¿Qué podemos hacer?

---

1. ¿Qué diálogos adicionales podrían aportar más información sobre la personalidad de Manuel?

2. ¿Qué diálogos podrían brindar más información sobre la personalidad de Facundo?

3. ¿Qué otras palabras podrían decir Manuel y Facundo para que se supiera más sobre lo que piensa cada uno de Laura?

4. ¿Qué lenguaje conviene a cada tono de voz de los personajes?

B. Ahora, revisa el borrador y agrega diálogos y otros detalles para dar más vida a los personajes.

_____
_____
_____
_____
_____
_____
_____

Nombre _____

El estudiante que escribió los párrafos de abajo usó detalles de diferentes fuentes para responder a la instrucción: *En "El teatro a lo largo de la historia", leíste que los espectadores disfrutan de las obras de teatro en las que los personajes deben tomar decisiones difíciles. Escribe un* flash-back *en el que Bucho toma una decisión difícil.*

(Bucho y Joe están sentados en la clase. Joe parece muy nervioso).

JOE: Este examen de Lengua es tonto.

(Bucho no oyó a Joe. Está concentrado en su propio examen).

JOE: Eh, Bucho.

BUCHO: ¿Eh?

JOE: Este tonto examen de Lengua me está matando. Mueve tu brazo. Déjame ver tu examen. El mío está todo en blanco.

BUCHO: Eh... No lo creo, Joe.

JOE: ¡Pero somos amigos!

BUCHO: ¡Shhh!

JOE: ¿Qué? Siempre dejabas que copiara tu examen.

BUCHO: Como digas. Ya no, ¿está bien?

JOE: Si no me dejas ver tu examen, olvídate de ser mi amigo.

BUCHO: Hay cosas que no se negocian...

(Bucho se levanta para entregar su examen).

Vuelve a leer el pasaje. Realiza los siguientes ejercicios.

1. ¿Cómo ha cambiado el personaje de Bucho? **Encierra en un círculo** la evidencia del texto que muestra cómo Bucho es más responsable.

2. **Encierra en un recuadro** el diálogo que le da vida al personaje de Joe y te ayuda a hacer inferencias sobre su inteligencia.

3. ¿Qué decisión tuvo que tomar Bucho? **Subraya** la oración que demuestra el punto de vista de Bucho sobre hacer trampa.

4. Escribe en la línea el pronombre posesivo que Noelia usa en el texto.

_____

Nombre _____

complacer	demorarse	desperdiciar	petrificado
poder	rogar	compenetrarse	mentor

Escribe una oración completa para responder cada pregunta. Incluye la palabra en negrillas en tu respuesta.

1. ¿Qué parecen los árboles **petrificados**?

_____

2. ¿Cuándo les **ruegas** a tus padres?

_____

3. ¿En qué circunstancias es importante tener un **mentor**?

_____

4. ¿Qué sucede si uno se **compenetra** con el estudio?

_____

5. ¿A quiénes te gustaría **complacer**?

_____

6. ¿Sueles **demorarte** para ir a la escuela?

_____

7. ¿Quién es la persona con más **poder** en el país?

_____

8. ¿Qué haces para no **desperdiciar** agua?

_____

Nombre _____

Lee la selección. Completa el organizador gráfico de tema.

Detalle

↓

Detalle

↓

Detalle

↓

Tema

Lee el pasaje. Aplica la estrategia de resumir para verificar
que has comprendido la lectura.

DEMORADAS

7	**DEMORADO, DEMORADO, DEMORADO**, anunciaba la pantalla del estado de los vuelos de salida.
13	**Todos los vuelos desde el aeropuerto de Madrid estaban retrasados**
23	**por la fuerte tormenta que se había desatado.**
31	Rosi miraba con atención el estado del vuelo 2040, de Madrid a Barcelona.
44	"¡Cambia, cambia, cambia!", le gritaba en silencio a la pantalla.
54	"¡Sácame de Madrid!".
57	De repente, la pantalla parpadeó. Rosi contuvo la respiración.
66	El vuelo DEMORADO estaba ahora... CANCELADO.
72	—VARADA. ¡Solo a mí me suceden estas cosas!
80	A su lado, otra chica gritó angustiada en inglés:
89	—¿*CANCELLED? ¿Why?*
91	Rosi vio que los ojos se le llenaban de lágrimas.
101	"Debe estar asustada", pensó.
105	—¿Cómo te llamas? —preguntó.
109	—*My name is Cristina* —respondió la chica.
116	Y señalando la pantalla, exclamó:
121	—*And my flight is cancelled.*
126	—Mira y sabrás por qué —le indicó Rosi.
134	Por los ventanales se veía la tormenta de nieve.
143	Cristina quedó boquiabierta y se acercó para ver mejor.
152	—¿Esto es ...? —preguntó Cristina abriendo grandes los ojos.
160	—Nieve —dijo Rosi—. ¿Nunca has visto la nieve?
168	—No nieve en Jamaica —intentó explicar Cristina en español.

Nombre _____

——Yo he visto un montón de nieve, muchísima nieve.
Ya tuve suficiente —afirmó Rosi—. Ahora quiero volver a mi casa.

—*I want to go home too* —sollozó Cristina.
"Ella también quiere regresar a su casa", dijo Rosi para sus adentros.
"Y su casa está muy lejos".

En ese momento, los altavoces del aeropuerto sonaron muy fuerte:
—Atención, TODOS los pasajeros. TODOS los vuelos están cancelados.

"Pobre Cristina, parece tan asustada", pensaba Rosi.
—*My name is Rosi* —dijo en inglés—. *Let me help you.*

Rosi habló con una persona del mostrador.
—Necesito ir a Boston, y mi amiga a Kingston (Jamaica).

Mientras esperaban, Rosi tomó a
   Cristina del brazo.
—Ven —le dijo—. ¡Vamos a ver la nieve!

Llevaron las maletas cerca de los
   ventanales.
"Estar varadas juntas es mucho mejor
   que estar varadas solas", suspiró
   Rosi aliviada.

Nombre _____

A. Vuelve a leer el pasaje y responde las preguntas.

1. Al principio del texto, ¿cómo se siente Rosi? ¿Por qué?

_____

_____

2. ¿En qué se diferencian la situación de Cristina y la situación de Rosi?

_____

_____

3. En los últimos cuatro párrafos, ¿qué hace Rosi? En el último párrafo, ¿qué piensa?

_____

_____

_____

4. ¿Cómo se siente Rosi al final del pasaje? Si te basas en los detalles, ¿cuál crees que es el tema del pasaje?

_____

_____

_____

B. Trabaja con un compañero o compañera. En voz alta, lean el pasaje durante un minuto. Presten atención a la entonación. Completen la tabla.

	Palabras leídas	–	Cantidad de errores	=	Palabras correctas
Primera lectura		–		=	
Segunda lectura		–		=	

Otro mundo

¡Espero que el asiento de al lado esté vacío!
Me encantaría poder leer algo en el vuelo.
Simplemente me sentaré y desparramaré mis cosas,
y abriré mi novela, *Otro mundo*.

Hay un hombre alto parado al lado de mí
Excuse me, miss, that's my seat.
¿Qué habrá dicho? ¡No sé qué hacer!
Excuse me, miss.

Mejor saco mis cosas para hacerle lugar al señor.
¡Daría tanto por ese asiento vacío! *Thank you,* me dice.
Está buscando algo en su maletín.
Ahora saca su propio libro, *Another World*.

Oh, ¡no puedo creerlo! Habiendo tantos libros.
¡*Excuse me, sir!* No lo podrá creer.
Oh, yeah, Otro mundo. *¡Nice book!*
Las risas entre extraños vuelven agradable el avión.

Responde las preguntas acerca del texto.

1. ¿Qué elementos de una ficción de verso libre se encuentran en el texto?

_____

_____

2. ¿Cómo dirías que es el carácter de la niña en función del monólogo interior?

_____

3. ¿Qué dice la última estrofa sobre los personajes?

_____

_____

Nombre _____

A. Los homógrafos son palabras que se escriben igual pero tienen un significado distinto. Escribe una oración con un homógrafo de la palabra en negrillas.

1. Rosi miraba en la pantalla el estado del **vuelo** 2040.

_____

2. A su lado, otra **chica** gritó angustiada en inglés.

_____

3. —¿Cómo te **llamas**? —preguntó.

_____

4. Llevaron las maletas **cerca** de los ventanales

_____

B. Escribe una oración con cada uno de los homógrafos de la oración. Escribe las definiciones en el orden en que aparecen en la oración.

5. Estábamos viendo las **llamas** de la fogata cuando ella me dijo:
—¿Cómo te **llamas**?

_____

6. Aunque estén **cerca** de nosotros, es preciso encerrar a los animales dentro de la **cerca**.

_____

7. Esperaba el **vuelo** 2040 pensando para mí: "Hoy **vuelo**".

_____

8. —¡Oye, **chica**! ¿No crees que esa bicicleta te va un poco **chica**?
—me gritó mi prima—.

_____

Nombre _____

A. Lee el siguiente borrador. Las preguntas te servirán para pensar sucesos y detalles que puedes agregar para desarrollar la trama.

Borrador

Mariana miraba cómo los encargados de la mudanza cargaban las cajas hacia la casa. Deseaba estar en la vieja casa y en el viejo barrio. Un niño de la edad de Mariana salió de la casa de al lado.

---

1. ¿Qué sucesos y detalles puedes agregar para contarles más sobre Mariana a los lectores?

2. ¿Qué sucesos o detalles se pueden agregar para aclarar más el conflicto?

3. ¿Qué detalles pueden demostrar cómo afecta a Mariana tener un nuevo vecino?

B. Ahora, revisa el borrador y agrega sucesos y detalles para mejorar la trama. Los sucesos y detalles deben mostrar más sobre lo que sucede con Mariana y el nuevo vecino y cómo esto afecta a Mariana.

_____

_____

_____

_____

_____

_____

Nombre _____

El estudiante que escribió los párrafos de abajo usó detalles de diferentes fuentes para responder a la instrucción: *Imagina que Aminata es la nueva compañera de clase de Daniela. Escribe una entrada de un diario íntimo en la que Daniela cuenta cómo fue su primera clase juntas.*

Hoy llegó una compañera nueva a nuestra clase. Se llama Aminata y es de Senegal. Es una niña muy tímida y parecía estar muy nerviosa. Yo me puse en su lugar, porque recuerdo mi primer día en primer grado. No conocía a nadie y estaba nerviosa. Pero al final dejé los nervios de lado y comencé a conocer a mis nuevos compañeros. A algunos incluso los considero mis amigos. Espero que ellos sepan cuánto los quiero.

La maestra le propuso a Aminata que diera una presentación para explicar de dónde venía. No quiso hacerlo al principio, pero luego cambió de opinión. Su presentación fue muy impactante: si bien aún no habla inglés, con sus gestos nos transmitió a todos en la clase la historia de su pueblo y de su familia. Cuando nos "contó" sobre el reencuentro con su papá, casi comienzo a llorar. Esto me hizo dar cuenta de que todos somos iguales: seres humanos con un corazón. Y que estamos conectados entre todos a pesar de que no hablemos la misma lengua.

Vuelve a leer el pasaje. Realiza los siguientes ejercicios.

1. ¿Por qué Daniela comprende los nervios de Aminata? **Encierra en un círculo** las palabras que desarrollan este argumento.

2. **Encierra en un recuadro** el momento de la trama en que Daniela se transforma.

3. **Subraya** el buen final que Daniela escribe en su diario íntimo a modo de conclusión.

4. Escribe en la línea uno de los pronombres indefinidos que Leah usa en el texto.

_____

Nombre _____

bromear	enojo	permiso	sanar

Completa cada oración usando la palabra que se indica.

1. **(enojo)** Cuando su equipo no ganaba _____
_____
_____ .

2. **(sanar)** Estudió medicina porque su sueño _____
_____
_____ .

3. **(permiso)** Para ir a nadar a la piscina pública _____
_____
_____ .

4. **(bromear)** Lo que más le gustaba hacer en los recreos _____
_____
_____ .

Nombre _____

Lee la selección. Completa el organizador gráfico de punto de vista del autor.

Detalles	Punto de vista del autor

Nombre _____

Lee el pasaje. Chequea que hayas entendido preguntándote a ti mismo cuál es el punto de vista del autor del poema.

Amada Malala:

2	Un día ha pasado desde que echaste a volar
11	y estoy hecha un manojo de nervios.
18	Me parece escucharte a cada rato
24	rascarte las pulgas o la puerta arañar,
31	y a cada instante creo verte correr disparada por la calle.
42	He pegado anuncios y di vuelta la calle
50	pensando en que debería haber reparado antes
57	esa puerta trasera.
60	De haberlo hecho, estarías todavía aquí,
66	durmiendo dulcemente en tu cama confortable,
72	en lugar de estar asustada y sola.
79	Seguiré esperándote al pie del cañón.
85	Te echo de menos, Malala.
90	Espero de corazón que aparezcas PRONTO.
96	Con amor,
98	Karina

Querida Karina:

101	No creerás la aventura
105	que estoy viviendo. ¡Toda una travesía!
111	Como la puerta estaba abierta, salí volando
118	y perseguí a una ágil ardilla por millas y millas.
128	Después me perdí. Estuve como andando por las ramas,
137	pero luego una simpática señora me hizo entrar a su casa.
148	Me dio comida y una hermosa cama donde dormir.
157	Esta mañana pasamos al lado de un anuncio
165	con una foto de alguien que se parece mucho a mí.
176	La señora sonrió y dijo que los grandes cambios
185	están a la vuelta de la esquina. También dijo que
195	pronto tendré visitas. Espero que seas tú.
202	Con amor,
204	Malala

Image Source/PunchStock

Nombre _____

A. Vuelve a leer el pasaje y responde las preguntas.

1. ¿Quién es el narrador al principio del poema? ¿Qué información sobre el narrador aporta la primera carta?

_____

_____

2. ¿Quién es el narrador en la segunda carta del poema? ¿Qué información hay en la segunda carta acerca de su narrador?

_____

_____

_____

3. ¿Cuál es el punto de vista en las dos cartas? ¿Cómo lo sabes?

_____

_____

_____

4. ¿Qué aprendes de la historia gracias a este punto de vista?

_____

_____

_____

B. Trabaja con un compañero o compañera. En voz alta, lean el pasaje durante un minuto. Presten atención a la entonación y el fraseo. Completen la tabla.

	Palabras leídas	–	Cantidad de errores	=	Palabras correctas
Primera lectura		–		=	
Segunda lectura		–		=	

Nombre _____

Animando a María

María estaba sombría, triste,
desde que su amiga Belén se mudó lejos, muy lejos.
Su hermano Raúl quiso alegrarla un poco,
pero reconfortarla requería más recursos.
Ahí estaba María, melancólica, mirando el mar.
Entonces, Raúl tuvo una idea.
Empezó a hacer caras graciosas, a hacer piruetas
de un lado para el otro como un mono saltarín.
La aflojó con sus payasadas,
y al final, en carcajadas explotó.

Responde las preguntas acerca del texto.

1. ¿Cómo sabes que "Animando a María" es verso libre?

_____

_____

_____

2. ¿Cómo sabes que este texto es un poema narrativo?

_____

_____

_____

3. Escribe dos ejemplos de aliteración que se usen en el poema.
   Encierra en un círculo la letra o las letras para cada sonido repetido.

_____

_____

Nombre _____

> La **aliteración** es la repetición de un sonido en palabras contiguas.
>
> La **asonancia** es la repetición del sonido de una vocal en palabras contiguas.
>
> Los poetas usan ambos recursos para darle musicalidad a un poema o resaltar ciertas palabras, frases o ideas.

Lee un fragmento del poema en verso libre y responde las preguntas.

No creerás la aventura
que estoy viviendo. ¡Toda una travesía!
Como la puerta estaba abierta, salí volando
y perseguí a una ágil ardilla por millas y millas.

1. Busca un ejemplo de aliteración en el fragmento y escríbelo.

   _____

2. Vuelve a leer los encabezados de las cartas. ¿Cuál es un ejemplo de aliteración? ¿Cuál es un ejemplo de asonancia? Explica tu respuesta.

   _____

   _____

   _____

3. Vuelve a leer el poema completo en voz alta. ¿Qué efecto tienen la aliteración y la asonancia en este poema?

   _____

4. Escribe un breve poema sobre una mascota. Incluye al menos un ejemplo de aliteración y uno de asonancia en tu poema.

   _____

   _____

   _____

   _____

Nombre _____

**Lee cada pasaje. Usa claves de contexto para descubrir
el sentido de las expresiones idiomáticas en negrillas. Luego,
escribe su significado en la línea.**

1. Un día ha pasado desde que **echaste a volar**
   y estoy hecha un manojo de nervios.

   _____

2. Un día ha pasado desde que echaste a volar
   y estoy **hecha un manojo de nervios**.

   _____

3. He pegado anuncios y **di vuelta la calle**
   pensando en que debería haber reparado antes
   esa puerta trasera.

   _____

4. No creerás la aventura
   que estoy viviendo. **¡Toda una travesía!**

   _____

5. Después me perdí. **Estuve como andando por las ramas**,
   pero luego una simpática señora me hizo entrar a su casa.

   _____

6. La señora sonrió y dijo que los grandes cambios
   están **a la vuelta de la esquina**.

   _____

Name _____

A. Lee el siguiente borrador. Las preguntas te servirán para pensar en palabras sensoriales que puedes agregar para crear una mejor imagen.

Borrador

La pala se hunde en la tierra
levanta terrones de tierra desgarrados.

Luego, despacio, esta cubre las pequeñas semillas
el suelo huele a primavera.

---

1. ¿Cómo se ven los terrones de tierra desgarrados? ¿Hay algo en la tierra?

2. ¿En la tercera línea, qué es "esta"?

3. ¿Cuándo se sembraron las semillas? ¿A qué se parecen las semillas que están en la tierra?

4. En la última línea, ¿exactamente cómo huele el suelo a primavera?

B. Ahora, revisa el borrador y agrega lenguaje sensorial. Los cambios deberán darles vida a los hechos del narrador.

_____

_____

_____

_____

_____

_____

_____

Nombre _____

El estudiante que escribió los párrafos de abajo usó detalles de diferentes fuentes para responder a la instrucción: *Escribe un poema de verso libre sobre alguna vez en la que te hayas responsabilizado por tus acciones.*

¡Bip! ¡Bip!
dijo mi reloj.
¿Debo levantarme?,
No lo creo,
abracé a mi almohada.
Es un lindo día para dormir.
Y el bote de basura se reía de mí.
Pronto, tuve que reaccionar.
Porque Huesos quiso explorar las delicias,
que estaban en el bote,
y para explorarlas
rompió, derramó y esparció
toda la basura
por mi maloliente casa.
Debajo de las cobijas
comencé a sentir un aroma extraño.
Una alarma de olor putrefacto.
Era hora de limpiar.

Vuelve a leer el pasaje. Realiza los siguientes ejercicios.

1. ¿Por qué razón el narrador se levantó de la cama? **Encierra en un círculo** el lenguaje sensorial que revela por qué el narrador se levantó de la cama.

2. **Encierra en un recuadro** la evidencia del texto que muestra la personalidad del narrador.

3. ¿Cómo se responsabiliza por sus acciones el narrador? **Subraya** el buen final que concluye el poema.

4. Escribe en la línea un pronombre relativo y su antecedente que aparecen en el texto.

Nombre _____

desolado	inconsciente	sombrío	osadía
engaño	resuelto	valeroso	proeza

Escribe una oración con las dos palabras de vocabulario.

1. osadía, engaño

_____

_____

_____

2. desolado, sombrío

_____

_____

_____

3. valeroso, resuelto

_____

_____

_____

4. inconsciente, proeza

_____

_____

_____

Nombre _____

Lee la selección. Completa el organizador gráfico de problema solución.

Personaje
Ambiente
Problema
Sucesos

↓

↓

Solución

Lee el pasaje. Aplica la estrategia de hacer, confirmar y revisar predicciones para verificar que has comprendido la lectura.

Atenea y Aracne

	Hace mucho tiempo, cuando las diosas y los dioses griegos vagaban
11	libres por la Tierra, vivía una joven doncella conocida por el nombre de
24	Aracne, y reconocida por su habilidad en el arte de tejer. Aracne era capaz
38	de obtener preciosos hilos a partir de la lana, y girar el huso de forma
53	que pareciera bailar. Sus telas tenían motivos maravillosamente logrados.
62	Mujeres y hombres de todos lados se acercaban a apreciar su obra con
75	fascinación.
76	Aquellos que habían visto su trabajo afirmaban que seguramente había
86	sido alumna de Atenea, la diosa de la artesanía. Cuando Aracne oía esto,
99	reía y decía que ella era su propia maestra. Incluso declaraba que sus
112	habilidades eran superiores a las de Atenea, y con insolencia desafiaba a la
125	diosa: "Dejen que Atenea mida su destreza contra la mía".
135	Es evidente que desafiar a los dioses es algo muy poco inteligente, pero
148	eso no detuvo a Aracne, que era tan ególatra como talentosa. "Confío en
161	que voy a superarla, y, si no, aceptaré el castigo de la derrota", dijo Aracne.
176	Atenea se disgustó mucho cuando escuchó los desafíos de Aracne, y
187	decidió visitar a la doncella. Para darle una oportunidad de disculparse
198	por su irreverencia, Atenea se disfrazó de anciana. Tiñó su cabello de gris,
211	arrugó su rostro y empuñó un bastón para caminar.
220	Atenea se acercó a Aracne.
225	—Tu habilidad como tejedora es muy reconocida, y puedo ver que
236	conoces bien tu arte. Sin embargo, sería bueno para ti que fueras más
249	humilde y que no te colocaras por encima de los dioses y de las diosas.
264	Deberías dejar ese lugar para Atenea y retractarte de tus palabras. Estoy
276	segura de que Atenea te perdonaría si te disculparas.

Nombre _____

—No necesito el consejo de nadie más que el mío propio —respondió Aracne con desprecio—. Atenea es bienvenida cuando quiera a intentar igualar mis habilidades, a menos que tenga miedo de perder.

Ante palabras tan tontas e irreverentes, la anciana se quitó su disfraz y dijo:

—Soy yo, Atenea, y como es una competencia lo que deseas, una competencia es lo que obtendrás.

La cara de Aracne se ruborizó cuando supo quién era la fingida anciana. No obstante, no cambió su actitud, y la competencia comenzó de inmediato.

La diosa y la mortal tomaron posición frente a los telares. Tejían a un gran ritmo, y no pasó mucho tiempo para que las imágenes comenzaran a aparecer sobre el tejido; tal era la destreza de las tejedoras.

Las imágenes de Atenea representaban el poder de los dioses contra los mortales que los habían desafiado. Advertían a Aracne que su orgullo era al mismo tiempo imprudente y peligroso.

Aracne ignoró la advertencia, y las imágenes que aparecían en su tejido representaban escenas de dioses y diosas en situaciones ridículas. La obra de Aracne era perfecta, pero llena de desprecio por los dioses y las diosas.

Enfurecida por la falta de respeto, Atenea destrozó el tejido de Aracne. Al ver su obra destruida, Aracne lloró. En respuesta, Atenea dijo:

—Eres tonta y vanidosa, pero sé que amas tu arte, y por eso tendré piedad y no te mataré. En lugar de eso, te haré tejer por siempre.

Con esas palabras, derramó un líquido mágico sobre Aracne. El cuerpo de la mortal se encogió, sus extremidades cambiaron y sus dedos se transformaron en patas. Su abdomen se volvió redondo, y desde allí surgió un hilo fino. Atenea había convertido a Aracne en una araña, para que continuara desarrollando su talento como tejedora de infinitas telas de araña.

Nombre _____

A. Vuelve a leer el pasaje y responde las preguntas.

1. ¿Por qué Aracne se crea un problema?

_____

_____

2. ¿Cómo intenta probar Aracne que teje mejor que Atenea?

_____

_____

3. Aunque Atenea está disgustada con Aracne, le quiere dar una oportunidad de disculparse. ¿Sirve esa solución? ¿Por qué?

_____

_____

4. Al final del cuento, Atenea tiene un problema porque quiere castigar a Aracne por haberse reído de los dioses, pero a la vez aprecia el amor que siente la doncella por tejer. ¿Cómo lo soluciona?

_____

_____

B. Trabaja con un compañero o compañera. En voz alta, lean el pasaje durante un minuto. Presten atención a la entonación y el fraseo. Completen la tabla.

	Palabras leídas	–	Cantidad de errores	=	Palabras correctas
Primera lectura		–		=	
Segunda lectura		–		=	

Nombre _____

Las alas de Ícaro

—¿Qué estás haciendo? —preguntó Ícaro a su padre, Dédalo, que construía algo a partir de cera y plumas. Los dos estaban encerrados en el laberinto que había creado el padre para el rey Minos: una ironía que superaba a Dédalo.

—Ya verás, Ícaro. Pronto podremos mostrarle al loco del rey quién es más inteligente —afirmó Dédalo—. Toma, hijo, pruébatelas —dijo, entregándole un par de alas hechas de cera y plumas.

—Es una broma, ¿no, papá? —respondió Ícaro.

—Para nada. Escapa con estas alas —ordenó Dédalo, ajustándolas al cuerpo del hijo—. Ahora, vete, pero no vueles muy cerca del sol.

Mientras se alzaba, Ícaro se sintió fortalecido y poderoso. Voló más alto, olvidando la advertencia de su padre, casi tocando el sol. De repente, Ícaro sintió que las alas se le ponían pesadas y antes de darse cuenta, cayó al mar que estaba debajo. Lamentablemente, se ahogó. El mar Ícaro se llamó así en su honor.

Responde las preguntas acerca del texto.

1. ¿Qué elemento común de los mitos contiene el texto?

_____

2. En tu opinión, ¿cuál es la enseñanza del texto?

_____

_____

3. Menciona la serie de sucesos que contribuyen a la calidad mítica del texto.

_____

_____

_____

Nombre _____

Escribe el significado de las palabras en negrilla. Para ello, fíjate en el contexto de la oración y en la información sobre el origen de la palabra.

1. Mujeres y hombres de todos lados se acercaban a apreciar su obra con **fascinación**.

   Origen: del latín *fascinatio*, que significa "engaño", "hechizo"

   Significado: _____

2. Aquellos que habían visto su trabajo afirmaban que seguramente había sido **alumna** de Atenea, la diosa de la artesanía.

   Origen: del latín *alumnus*, que significa "crío"

   Significado: _____

3. Aquellos que habían visto su trabajo afirmaban que seguramente había sido alumna de Atenea, la diosa de la **artesanía**.

   Origen: del latín *artis manus*, que significa "arte con las manos"

   Significado: _____

4. Es evidente que desafiar a los dioses es algo muy poco inteligente, pero eso no detuvo a Aracne, que era tan **ególatra** como talentosa.

   Origen: del latín *ego-* y *-latría*, que significa "adoración a uno mismo"

   Significado: _____

Nombre _____

A. Lee el siguiente borrador. Las preguntas te servirán para pensar en cómo agregar transiciones para indicar los cambios de tiempo o ambiente y para conectar los sucesos de la trama.

Borrador

Jacobo oyó que Dragón amenazaba al reino. Decidió visitar a Dragón. Partió en un viaje hacia la cueva de Dragón. Jacobo llegó a la cueva.

---

1. ¿Qué palabras de transición indicarían al lector en qué momento oyó Jacobo que Dragón amenazaba al reino? ¿Qué transiciones indicarían en qué momento Jacobo decidió visitar a Dragón?

2. ¿Qué transiciones podrían mostrar la conexión entre los sucesos de la primera oración y los de la segunda?

3. ¿Qué transiciones podrían indicar cambios en el ambiente?

B. Ahora, revisa el borrador y agrega transiciones para aclarar los cambios en el tiempo y en el ambiente y para conectar los sucesos de la trama.

_____

_____

_____

_____

_____

_____

_____

_____

_____

Nombre _____

El estudiante que escribió los párrafos de abajo usó detalles de diferentes fuentes para responder a la instrucción: *Vuelve a escribir la historia del escape de Ícaro de la torre como una parodia, tal como está escrito "El extraordinario relato de Teseo y el Minotauro".*

Desde la celda, Ícaro vio a Ariadna correr hacia la embarcación y gimió. Se estaba yendo sin él, y con Teseo.

—Se cree que es taaaan bueno —murmuró Ícaro—. Pero yo demostraré que soy más digno de Ariadna que él.

¿Pero cómo? Ícaro necesitaba la ayuda de su papá.

—Papá, hay una muchacha que...

—No se diga más —lo interrumpió su papá—. ¡Cuenta conmigo!

Dédalo había estado planificando el escape de Ícaro. Construyó dos increíbles pares de alas con plumas y cera.

—Uno para ti y otro para mí. Pero escucha, hijo. No vueles muy alto porque el sol derretirá la cera y las alas se destruirán. Y tampoco vueles muy bajo porque el mar mojará las plumas.

—Copiado —dijo Ícaro. Ya se imaginaba a sí mismo sobrevolando a Ariadna y Teseo. A pesar de las advertencias de su papá, eso fue exactamente lo que hizo. Voló muy cerca del sol y sus alas se derritieron como queso fundido.

—¡Noooooooooo! ¡Ariadna! —exclamó al caer.

Vuelve a leer el pasaje. Realiza los siguientes ejercicios.

1. ¿Qué le dijo Dédalo a Ícaro que no debía hacer? **Encierra en un círculo** la oración que tiene detalles descriptivos de la historia.

2. ¿Por qué Ícaro voló tan cerca del sol? **Encierra en un recuadro** la oración con que se muestra el desarrollo del personaje de Ícaro.

3. **Subraya** dos palabras de transición que muestran cómo un suceso conduce a otro.

4. Escribe en la línea uno de los adjetivos calificativos que Erin usa en el texto.

_____

Nombre _____

disimuladamente	encaminarse	represalia	fortaleza
dispuesto	porche	rigor	impávido

Completa cada oración con la palabra que se indica.

1. **(disimuladamente)** Quería saber de qué estaban hablando, _____

_____ .

2. **(dispuesto)** Mi papá es muy valiente _____

_____ .

3. **(fortaleza)** Se necesita mucha _____

_____ .

4. **(represalia)** Él creía que sus compañeros jugaban sucio, _____

_____ .

5. **(rigor)** Es un buen profesor, _____

_____ .

6. **(porche)** Cuando era chico _____

_____ .

7 . **(impávido)** Cuando le conté el plan a Juan, _____

_____ .

8. **(encaminarse)** El examen me parecía muy difícil, _____

_____ .

Nombre _____

Lee la selección. Completa el organizador gráfico de causa y efecto.

Ambiente

Suceso		Reacción del personaje
	→	

Suceso		Reacción del personaje
	→	

Suceso		Reacción del personaje
	→	

Nombre _____

Lee el pasaje. Aplica la estrategia de hacer, confirmar y revisar predicciones para verificar que has comprendido la lectura.

Tras los pasos de una estrella

	Henry atravesó con cautela los bosques oscuros. Habría querido ir más
11	rápido, pero no tenía otra opción que avanzar con pies de plomo, pues,
24	como decía su madre, "hombre precavido vale por dos".
33	Sería peligroso llamar la atención; los bosques no eran un sitio seguro
45	para un esclavo en fuga. Ningún sitio lo era, en realidad, y su única
59	esperanza era moverse en el "ferrocarril subterráneo" hacia Canadá, hacia
69	la libertad. Cada punto del trayecto le brindaría protección de aquellos
80	que, de atraparlo, lo azotarían, lo encarcelarían o algo peor. "Mientras hay
92	vida, hay esperanza", pensaba, y eso lo impulsaba a seguir.
102	De repente, una rama se rompió y Henry se sobresaltó. "Oh, no",
114	pensó. Se dio vuelta con el corazón en la boca, preparado para verse frente
128	a frente con un furioso captor de esclavos, pero en su lugar encontró el
142	rostro preocupado y amable de un muchacho no mucho mayor que él.
154	—Pensé que... —alcanzó a balbucear Henry.
160	—¡Shh! —El muchacho hizo callar a Henry y lo llevó silenciosamente
171	detrás de un gran roble.
176	Cerca del árbol había una mujer apenas más alta que Henry, y Henry
189	no necesitó mirar dos veces para reconocer a la célebre Harriet Tubman,
201	la antigua esclava que había guiado a tantos esclavos hacia la libertad.
213	Tubman sostenía un papel plegado en la mano.
221	—Me dijeron que esta carta advierte a los vecinos que eres un esclavo
234	fugitivo —le dijo Harriet a Henry en voz baja—. Te diré cómo transitar por
248	el ferrocarril subterráneo —continuó, y con voz serena le explicó a Henry
260	cómo llegar a la primera estación—. Busca un farol encendido fuera de una
273	casa —dijo, y le recordó que en su camino encontraría animales salvajes
285	y personas que lo ayudarían, pero también personas que intentarían
295	capturarlo.
296	—Señora Tubman, por favor, ¡acompáñeme! La unión hace la fuerza
306	—dijo Henry a viva voz.

Nombre _____

—¡Silencio! Lo siento, Henry —dijo Harriet Tubman en voz baja, mientras miraba la carta que sostenía en la mano. Harriet sabía que si ella y Timothy, el otro muchacho, escoltaban a Henry, solo lograrían ponerse todos en peligro—. Debes encontrar el valor en tu corazón.

—¿Pero cómo sabré qué dirección tomar? —preguntó Henry.

—Sigue la estrella del Norte y recuerda estar siempre alerta. Debes entender que seguir con vida depende únicamente de tus acciones —respondió la señora Tubman.

Henry le dio las gracias a Harriet Tubman y comenzó su travesía. Sabía que no podía permanecer en el bosque más tiempo, pues necesitaba una vista despejada del cielo para poder seguir la estrella del Norte.

A medida que Henry se acercaba a los límites del bosque, la luz de la luna comenzó a divisarse tras los árboles. Creaba sombras que convertían a los árboles en perros

Vecinos: Nuestro esclavo Henry escapó. Creemos que está viajando con Harriet Tubman. Estén alerta y...

rabiosos y en hombres con palos y sogas. Las imágenes colmaron a Henry de un tortuoso temor. Imaginar los castigos que debería enfrentar si lo apresaban lo atormentaba, y comenzó a preguntarse si debería regresar a la plantación. En ese caso, recibiría un castigo, pero no sería nada comparado con el que recibiría si fuese capturado.

La vida en la plantación era muy ardua. Aunque solo era un adolescente, Henry trabajaba durante seis largos días todas las semanas, cosechando algodón bajo el sol ardiente. Su vida pertenecía a su amo, y podía ser vendido en cualquier momento.

Sin saber qué hacer, Henry bajó la cabeza, suspiró hondamente y pensó en algo que su mamá solía decir: "Es preferible morir de pie que vivir de rodillas". Henry había sufrido la experiencia de ser un esclavo toda su vida, ¡ahora tenía que ser libre!

Observó fijamente el cielo y comenzó a buscar la estrella del Norte, hasta que la encontró, brillando sobre él, como la luz de una promesa. "La Fortuna favorece a los valientes", pensó Henry, y salió del bosque para perseguir la estrella del Norte y su libertad.

Nombre _____

A. Vuelve a leer el pasaje y responde las preguntas.

1. ¿Qué sucede cuando Henry oye que una rama se rompe al comienzo del cuento? ¿Por qué?

_____

_____

2. ¿Por qué Harriet Tubman se niega a acompañar a Henry?

_____

_____

_____

3. ¿Cómo afectan las sombras del bosque a Henry cuando se separa de Harriet Tubman en la mitad de la segunda página? ¿Qué piensa que debería hacer?

_____

_____

_____

4. ¿Qué recuerda Henry en los dos últimos párrafos? ¿Qué efecto tienen esos recuerdos?

_____

_____

_____

B. Trabaja con un compañero o compañera. En voz alta, lean el pasaje durante un minuto. Presten atención a la expresión. Completen la tabla.

	Palabras leídas	–	Cantidad de errores	=	Palabras correctas
Primera lectura		–		=	
Segunda lectura		–		=	

Nombre _____

La fortaleza para expresarse

—Siento como si Rebecca se hubiera ido hace diez años, pa, pero aún es 1838 —le dijo la señora Miller a su esposo.

—Sé fuerte, querida. Ella tiene una importante misión. Toma, llegó esta carta para ti hoy. Léela en voz alta —le respondió el señor Miller.

La señora Miller empezó a leer con entusiasmo:

—"Querida mamá: los extraño tanto. Por favor, no te preocupes, pues me encuentro bien y a salvo. He escuchado a grandiosos oradores en el encuentro abolicionista que se llevó a cabo en Pensilvania. Angelina Grimké Weld habló con fervor sobre las crueldades de la esclavitud. Nos instó a todos a unirnos contra la vergüenza de nuestra nación. ¿Puedes creer, mamá, que incluso yo subí al escenario y les hablé a nuestros compañeros abolicionistas? Es cierto, mamá. La señora Weld me tomó las manos, me miró a los ojos y dijo: 'Rebecca Miller, ponte de pie y di lo que piensas porque tienes una mente aguda y una voz llena de coraje'. Siente orgullo por mí, mamá. Me he convertido en la mujer fuerte que esperabas que fuera. Con amor y devoción para ti y papá, Rebecca".

Responde las preguntas acerca del texto.

1. Menciona dos características de la ficción histórica que aparecen en el texto.

   _____

   _____

2. ¿Qué información importante sobre el personaje principal y la trama revela la carta?

   _____

   _____

3. ¿De qué manera sirve el dialecto para entender el momento histórico?

   _____

Nombre _____

Lee cada pasaje. Escribe el significado del refrán o proverbio en negrilla. Fíjate en las claves de contexto.

1. Henry atravesó con cautela los bosques oscuros. Habría querido ir más rápido, pero no tenía otra opción que avanzar con pies de plomo, pues, como decía su madre, **"hombre precavido vale por dos"**.

   _____

2. Sería peligroso llamar la atención; los bosques no eran un sitio seguro para un esclavo en fuga. Ningún sitio lo era, en realidad, y su única esperanza era moverse en el "ferrocarril subterráneo" hacia Canadá, hacia la libertad. Cada punto del trayecto le brindaría protección de aquellos que, de atraparlo, lo azotarían, lo encarcelarían o algo peor. **"Mientras hay vida, hay esperanza"**, pensaba, y eso lo impulsaba a seguir.

   _____

3. —Señora Tubman, por favor, ¡acompáñeme! **La unión hace la fuerza** —dijo Henry a viva voz.

   _____

4. Sin saber qué hacer, Henry bajó la cabeza, suspiró hondamente y pensó en algo que su mamá solía decir: **"Es preferible morir de pie que vivir de rodillas"**. Henry había sufrido la experiencia de ser un esclavo toda su vida, ¡ahora tenía que ser libre!

   _____

5. Observó fijamente el cielo y comenzó a buscar la estrella del Norte, hasta que la encontró, brillando sobre él, como la luz de una promesa. **"La Fortuna favorece a los valientes"**, pensó Henry, y salió del bosque para perseguir la estrella del Norte y su libertad.

   _____

Nombre _____

A. Lee el siguiente borrador. Las preguntas te servirán para pensar en cómo agregar palabras expresivas para ayudar al lector a visualizar el ambiente y los personajes.

Borrador

María buscaba desesperadamente a su hermana, pero el bosque la ocultaba bien. María gritó el nombre de su hermana. La única respuesta fue el sonido de un búho. María caminó con cuidado entre los árboles.

---

1. ¿Qué verbos expresivos agregarías para describir el aspecto de María mientras busca a su hermana?

2. ¿Qué palabras expresivas agregarías para que el lector visualice el bosque y entienda lo que siente María?

3. ¿Cómo quieres que el sonido del búho afecte al lector? ¿Qué palabras específicas te servirían para describirlo y lograr ese efecto?

B. Ahora, revisa el borrador y agrega palabras expresivas que ayuden al lector a visualizar mejor el ambiente y la acción y a comprender mejor cómo se siente María.

_____

_____

_____

_____

_____

_____

_____

Nombre _____

El estudiante que escribió los párrafos de abajo usó detalles de diferentes fuentes para realizar la indicación: *Imagina que la carta que Elías llevaba a la Sra. Holton era de una esclava. En la carta, explica que el esposo de la Sra. Holton ha sido azotado con fuerza, pero logró escapar, como en el cuento "El esclavo rey".*

Querida Emeline:

Tengo malas noticias sobre John. Ha sido azotado con fuerza. Mucha fuerza. ¿Y por qué? El Sr. Tillman creyó que le había robado su oro, y todos sabemos que no lo hizo. Su John es un buen hombre. Él nunca robaría nada. Pero Tillman lo azotó con tanta fuerza que se desplomó en el suelo como si fuera una marioneta y hubieran cortado sus hilos. Me acerqué para ayudarlo, pero estaba frío; no respiraba. Temía que no sobreviviera.

Pero, Emeline, también tengo buenas noticias. Porque justo cuando todos creíamos que John no sobreviviría, llegó un hombre. Un hombre mágico, llamado Toby. Y este Toby puso sus manos sobre John y dijo palabras mágicas. Dijo: "Kum... yali, kum buba tambe". John se levantó y corrió hacia la libertad junto con otros fugitivos. ¡Libertad, Emeline! Así que no se preocupe por John. Ahora se encuentra con los que huyen. Es fuerte y es libre.

Espero que se encuentre bien.

Atentamente,

Esther

Vuelve a leer el pasaje. Realiza los siguientes ejercicios.

1. ¿Qué le ocurrió al esposo de la Sra. Holton? **Encierra en un círculo** las oraciones con que se demuestra el desarrollo de los sucesos.

2. **Encierra en un recuadro** una oración que contiene un ejemplo de selección de palabras y frases expresivas.

3. **Subraya** una palabra de transición que se usa para mostrar cómo un suceso conduce a otro.

4. Escribe en la línea un ejemplo de un adjetivo posesivo que Manuel usa en el texto.

_____

_____

Nombre _____

escaso	ineficiente	mutación	exceso
industrial	manipulación	nutriente	modificación

Escribe una oración completa para responder cada pregunta.
Incluye la palabra en negrilla en tu respuesta.

1. ¿Qué se vuelve **escaso** durante el invierno?

   _____

2. ¿Por qué necesitan **nutrientes** los seres vivos?

   _____

3. ¿Qué manera de recoger todas las hojas de un jardín sería **ineficiente**?

   _____

4. ¿Cuál es la diferencia entre una flor normal y una que sufrió
   una **mutación**?

   _____

5. ¿Qué objeto hecho con tecnología **industrial** conoces?

   _____

6. ¿En qué materia del colegio te enseñan la **manipulación** de
   números?

   _____

7. ¿Qué harías si tuvieras un **exceso** de dinero?

   _____

8. ¿Por qué le harías una **modificación** a una prenda?

   _____

Nombre _____

Lee la selección. Completa el organizador gráfico de causa y efecto.

Causa		Efecto
	→	
	→	
	→	
	→	

Nombre _____

Lee el pasaje. Aplica la estrategia de volver a leer para verificar que has comprendido la lectura.

La vida del papel

El papel es tan común hoy en día que es difícil pensar en cómo sería la
16 | vida sin él. Sin embargo, las personas vivieron sin el papel durante miles
29 | de años antes de que fuera inventado. Aun así, lograron, a través de los
43 | siglos, valerse de una gran variedad de materiales sobre los que registrar
55 | sus ideas.

57 | El soporte de escritura más antiguo utilizado por los seres humanos
68 | fueron las paredes de las cuevas. A pesar de lo poco que se conoce sobre
83 | la escritura prehistórica, una cosa es segura: los escritos sobre la pared
95 | de una cueva no podían trasladarse. Para leerlos, era necesario acercarse
106 | a la pared. Y en una época en la que caminar era la única manera de
122 | trasladarse, los escritores de cuevas no contaban con un gran público.

Piedra y papiro

136 | Gran parte de los primeros escritos de los egipcios eran jeroglíficos, es
148 | decir, imágenes que funcionaban como símbolos. Puesto que los antiguos
158 | egipcios tallaron sus escritos sobre las piedras de templos o monumentos,
169 | los símbolos resultaron tan duraderos como las construcciones que los
179 | albergaban.

180 | Más adelante, los egipcios obtuvieron un material parecido al papel,
190 | denominado papiro. De allí proviene palabra *papel*. El papiro recibió su
201 | nombre por un tipo de planta pantanosa que crecía a las orillas del Nilo,
215 | llamada papiro. Para fabricar el papel de papiro, los egipcios cortaban tiras
227 | delgadas de esa planta y las ponían en remojo. De ese modo se suavizaban.
241 | Para obtener una superficie plana, se alternaban tiras horizontales y
251 | verticales, y se las aporreaba hasta volverlas una hoja fina, que se dejaba
264 | secar y endurecer al sol. El papiro seco era un material mucho más liviano
278 | que la piedra, y se podía llevar de un lugar a otro en hojas enrolladas
293 | llamadas pergaminos.

Tablas de arcilla

Cerca de Egipto, y casi al mismo tiempo, los habitantes de Mesopotamia desarrollaron una escritura llamada cuneiforme, es decir, en forma de cuña. Al igual que los egipcios, ellos acudían a los ríos para obtener los materiales. Hacían presión sobre arcilla húmeda con el extremo de un junco, y dejaban una impresión en forma de cuña. Cuando la arcilla se secaba, se endurecía, y las inscripciones se volvían duraderas. Y también se podían trasladar.

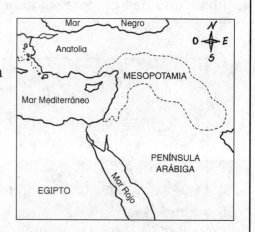

Algunos historiadores creen que uno de los primeros usos de la escritura en Mesopotamia fue el de realizar inventarios. Estas listas eran enviadas junto con los bienes que se comerciaban. Como la escritura sobre la arcilla seca no podía modificarse, si faltaba algo, quien lo recibiera lo notaría enseguida.

La fórmula secreta de Cai Lun

Por lo que sabemos, el primero en fabricar algo parecido al papel que usamos actualmente fue un hombre llamado Cai Lun, hace más de 1,900 años. Trabajaba en la corte imperial china. En esa época, en China, los libros se hacían con bambú, caparazones de tortuga y otros elementos bastante pesados. También utilizaban seda para hacer libros, pero los volvía muy costosos. Entonces, Lun se propuso hallar un soporte más conveniente sobre el cual escribir.

Comenzó colocando trozos de corteza y otras plantas en agua. Una vez que las fibras se suavizaban, Lun las golpeaba con un instrumento de madera. Luego de humedecer y golpear, las fibras se volvían finas como hilos. Lun separaba minuciosamente los hilos del resto de la mezcla. Cuando los hilos se presionaban y se secaban juntos, formaban hojas finas sobre las que era posible escribir.

¿Qué pasará con el papel?

La cantidad de papel que utilizamos actualmente obliga a talar una gran cantidad de árboles. Una innovación reciente en el proceso de fabricación de papel ha sido el uso de fibras de plantas renovables como el bambú. El bambú crece rápido, a diferencia de los árboles. Tal vez algún día no necesitemos papel porque ahora usamos computadoras para escribir.

Nombre _____

A. Vuelve a leer el pasaje y responde las preguntas.

1. ¿Qué hicieron los egipcios para alisar la superficie del papiro y así poder usarlo para escribir?

_____

_____

_____

2. ¿Qué efecto tuvo que los egipcios tallaran sus escritos sobre las piedras de templos o monumentos?

_____

_____

3. Observa el segundo párrafo de la segunda página. ¿Cuál fue el efecto de que las listas de bienes comerciados se inscribieran de manera duradera en arcilla seca? ¿Qué palabra conectora te ayuda a entender esta relación de causa y efecto?

_____

_____

4. ¿Qué causó que las fibras de las plantas con las que trabajaba Cai Lun se volvieran finas, como hilos?

_____

_____

B. Trabaja con un compañero o compañera. En voz alta, lean el pasaje durante un minuto. Presten atención al ritmo y la precisión. Completen la tabla.

	Palabras leídas	–	Cantidad de errores	=	Palabras correctas
Primera lectura		–		=	
Segunda lectura		–		=	

Nombre _____

Ábaco: el instrumento para contar más antiguo

El ábaco se usó como medio para contar durante miles de años. En muchas culturas, los mercaderes que intercambiaban bienes usaban las cuentas de madera del ábaco para contar lo que compraban y vendían. También lo usaban para calcular lo que costarían los múltiplos de los bienes. Los historiadores creen que los ábacos más simples implicaban probablemente trazar líneas en la arena para representar unidades, como 100 y 1,000. Se usaban piedritas para representar números dentro de esas unidades. El ábaco perdió popularidad en Europa cuando se creó la notación numérica. Sin embargo, hay varias partes del mundo donde hoy todavía se usa.

Las cuentas de madera del ábaco se usaban para contar unidades. El valor dependía de la columna y la posición (arriba o abajo).

Responde las preguntas acerca del texto.

1. Menciona dos características del texto expositivo que aparecen en este pasaje.

   _____

   _____

2. ¿Qué anuncia el título, además del tema?

   _____

   _____

3. ¿Qué información del texto confirman el diagrama y el pie de ilustración?

   _____

   _____

Nombre _____

**Lee cada pasaje. Determina la relación de causa y efecto. Escribe
la causa o el efecto que falta. Luego, escribe el significado de la
palabra en negrilla teniendo en cuenta la causa y el efecto.**

1. Para fabricar el papel de papiro, los egipcios cortaban tiras delgadas de esa
   planta y las ponían en remojo. De ese modo se suavizaban. Para obtener una
   superficie plana, se alternaban tiras horizontales y verticales, y se las **aporreaba**
   hasta volverlas una hoja fina, que se dejaba secar y endurecer al sol.

   causa: _____

   efecto: hacer que el papel de papiro tenga una superficie plana

   significado de **aporreaba**: _____

2. Hacían presión sobre arcilla húmeda con el extremo de un junco, y dejaban una
   impresión en forma de cuña.

   causa: hacer presión con el extremo de un junco

   efecto: _____

   significado de **impresión**: _____

3. Cuando la arcilla se secaba, se endurecía, y las inscripciones se volvían **duraderas**.

   causa: la arcilla se seca

   efecto: _____

   significado de **duraderas**: _____

4. También utilizaban seda para hacer libros, pero los volvía muy costosos. Entonces,
   Lun se propuso hallar un soporte más conveniente sobre el cual escribir.

   causa: usar la seda, un material caro, para hacer libros

   efecto: _____

   significado de **costosos**: _____

Nombre _____

A. Lee el siguiente borrador. Las preguntas te ayudarán a pensar cómo organizar mejor el texto para que las ideas estén conectadas lógicamente.

Borrador

La lavadora fue un invento muy importante. Facilitó la vida de muchas personas. Antes, la ropa se lavaba a mano. Eso llevaba horas. Ahora, la lavadora puede hacer la mayor parte de la tarea.

---

1. ¿Qué palabras conectoras agregarías para resaltar las relaciones de causa y efecto?

2. ¿Cómo podrían revisarse o acomodarse las oraciones para conectar claramente las causas y los efectos?

3. ¿Qué palabras o frases puedes agregar para indicar el orden de los sucesos?

B. Ahora, revisa el borrador y agrega palabras conectoras que ayuden al lector a comprender el orden de los sucesos y las relaciones entre las ideas.

_____

_____

_____

_____

_____

_____

_____

_____

Nombre _____

El estudiante que escribió los párrafos de abajo usó detalles de diferentes fuentes para responder a la instrucción: *¿Qué beneficios han aportado las plantas a lo largo de la historia?*

Durante miles de años, las personas han descubierto poderes alimentarios y curativos en las plantas y hierbas medicinales. Por ejemplo, los indígenas de Mesoamérica comenzaron a cultivar alimentos cuando los animales que cazaban comenzaron a escasear. Primero, plantaron calabacines, calabazas y pimientos. Luego, desarrollaron una nueva fuente de alimento llamada maíz. Para cultivar maíz, los indígenas crearon un complejo sistema agrícola en el que distintas plantas son cultivadas en el mismo terreno al mismo tiempo. La variedad de cultivos no solo era buena para el suelo, sino también para la alimentación de las personas.

Además, las personas han usado plantas para curar enfermedades. Por ejemplo, usaban miel para curar las heridas y cilantro para calmar el malestar estomacal. De hecho, muchas medicinas actuales provienen de las plantas. Pero cuando las plantas originales se volvieron escasas o muy costosas, los investigadores tuvieron que volverse creativos. Modificaron los compuestos naturales de las plantas y crearon una versión sintética. Por ejemplo, la aspirina proviene de compuestos de las hojas y la corteza del sauce. Y esas medicinas son tan efectivas como las originales.

Las innovaciones de los mesoamericanos y de los investigadores médicos han tenido un efecto en las personas de todo el mundo.

Vuelve a leer el pasaje. Realiza los siguientes ejercicios.

1. ¿Cuál es el tema de este modelo de escrito? **Encierra en un círculo** la oración que indica la idea principal.

2. ¿Cuál es una de las maneras innovadoras en la que los investigadores trabajaron con las plantas? **Encierra en un recuadro** la oración que tiene detalles que apoyan el tema.

3. ¿Cuándo desarrollaron el maíz los mesoamericanos? **Subraya** las palabras que indican el orden en el que ocurrieron los detalles y los hechos.

4. Escribe en la línea un adjetivo comparativo que Romina usa en el texto.

_____

Nombre _____

colega	galaxia	prudente	deducción
extremadamente	mantener	zumbar	verificar

Completa cada oración con la palabra que se indica.

1. **(verificar)** Revisen sus ejercicios _____

_____ .

2. **(deducción)** El científico hizo _____

_____ .

3. **(zumbar)** Había tantas abejas _____

_____ .

4. **(galaxia)** Hay muchas estrellas _____

_____ .

5. **(colega)** No sabía cómo resolver la tarea, _____

_____ .

6. **(prudente)** En estas circunstancias, creo que sería _____

_____ .

7 . **(mantener)** Tendremos que seguir con este método _____

_____ .

8. **(extremadamente)** La casa estaba sucia _____

_____ .

Nombre _____

Lee la selección. Completa el organizador gráfico de secuencia.

Suceso

Nombre _____

Lee el pasaje. Aplica la estrategia de volver a leer para verificar que has comprendido la lectura.

Arqueología satelital

	Al igual que los detectives, que persiguen pruebas evidenciales, los
10	arqueólogos salen a la caza de información que se encuentra escondida.
21	Por eso excavan buscando pistas sobre culturas antiguas. Durante muchos
31	años, los arqueólogos usaron instrumentos simples, como pequeñas palas
40	y escobillas, con las que removían minuciosamente el polvo y la arena
52	de las reliquias. Esperaban que esos objetos del pasado develaran los
63	misterios de las civilizaciones antiguas. Ahora, una nueva herramienta
72	ha transformado la arqueología. Las imágenes satelitales revelan secretos
81	escondidos bajo la tierra. Esas imágenes muestran lo que el ojo humano no
94	puede ver.
96	**Alta tecnología**
98	En el año 2000, la arqueóloga Sarah Parcak comenzó a buscar rastros
110	de antiguas aldeas de Egipto. Sabía que muchas construcciones podían
120	haber quedado enterradas en los terrenos inundables del río Nilo. Al
131	desplazarse, las arenas del desierto podrían haber cubierto asentamientos
140	enteros. Parcak decidió emplear la alta tecnología para localizar los sitios
151	donde podrían estar esos asentamientos. Parcak sabía que el escaneo
161	satelital había sido empleado en proyectos pequeños, y quería aplicarlo en
172	Egipto a mayor escala.
176	En el año 2010, Parcak y su equipo contaban con dos juegos de
189	imágenes satelitales, que analizaron y compararon durante más de un
199	año. Este estudio le reveló a Parcak que las imágenes más significativas
211	habían sido tomadas hacia el final del invierno, cuando la tierra estaba
223	húmeda. Parcak y su equipo pudieron observar dónde estaban las antiguas
234	construcciones de ladrillos de barro. Cuando las paredes enterradas
243	estaban húmedas, las imágenes mostraban diferencias entre el suelo que
253	estaba sobre las paredes y el que estaba al mismo nivel. Ahora, el equipo
267	tenía pistas con las que trabajar.

Copyright © McGraw-Hill Education

Nombre _____

Pruebas en el suelo

En las imágenes satelitales, Parcak y su equipo pudieron ver con claridad las características de las pirámides que están en la superficie. Compararon esas imágenes con el contorno de estructuras similares que estaban bajo tierra y descubrieron otras pirámides. Las imágenes satelitales también revelaron el contorno de una ciudad subterránea. Mediante esas imágenes, Parcak y su equipo pudieron crear un mapa de Tanis, una antigua capital egipcia.

Los arqueólogos sabían que debían demostrar sus teorías. En 2011, la tecnología satelital del equipo de Parcak señaló dónde excavar. Asociado con un grupo de arqueólogos franceses, el equipo de Parcak exploró el sitio de Tanis. Descubrieron una casa exactamente donde la imagen satelital lo había indicado. El equipo también realizó una excavación de prueba en busca de pirámides. Hallaron dos. Las pirámides estaban exactamente donde las imágenes mostraron que estarían.

En total, la investigación con alta tecnología ha permitido descubrir 17 pirámides enterradas, 1,000 tumbas y 3,000 asentamientos. La idea de Parcak de emplear tecnología satelital ha dado sus frutos. Ahora, la arqueóloga está ansiosa por ver qué más sobre el antiguo Egipto puede revelar esta tecnología.

Las imágenes de la Tierra tomadas por satélites sirven de ayuda a los arqueólogos.

Exploración a fondo

Los arqueólogos predicen que habrá muchos más usos de la tecnología satelital. Actualmente, el gobierno egipcio usa imágenes satelitales para proteger los sitios arqueológicos. Si se produce un saqueo, las autoridades serán avisadas, lo cual puede ayudar a evitar este tipo de robos en las tumbas. Los arqueólogos también pueden usar los satélites para estudiar sitios antiguos en países devastados por la guerra, donde los estudios de campo son dificultosos. Gracias a esta tecnología, otro arqueólogo ha descubierto, por su parte, cómo funcionaban los antiguos acueductos mayas.

En un primer momento, los satélites fueron desarrollados para permitir la exploración espacial, pero luego se volvieron útiles para conocer mejor nuestro planeta. A veces hay que dar un paso atrás para tener una visión más completa.

Nombre _____

A. Vuelve a leer el pasaje y responde las preguntas.

1. ¿Qué instrumentos usaron los arqueólogos durante años para hallar reliquias? ¿Qué nuevo instrumento se nombra? ¿Qué palabra temporal conecta la secuencia?

_____

_____

2. ¿Qué palabras conectoras te indican durante cuánto tiempo trabajaron Parcak y su equipo con las imágenes satelitales de los terrenos inundables del Nilo? ¿Qué hizo el equipo de arqueólogos con las imágenes?

_____

_____

3. ¿Qué hicieron los arqueólogos justo antes de empezar a excavar en 2011?

_____

_____

4. ¿Cuántos años después de que Parcak empezara a buscar ciudades antiguas decidió excavar en el sitio de Tanis junto a su equipo? ¿Cómo lo sabes?

_____

_____

_____

B. Trabaja con un compañero o compañera. En voz alta, lean el pasaje durante un minuto. Presten atención a la expresión. Completen la tabla.

	Palabras leídas	–	Cantidad de errores	=	Palabras correctas
Primera lectura		–		=	
Segunda lectura		–		=	

Nombre _____

Naufragio en el lago Ontario

Para Jim Kennard, la búsqueda del *HMS Ontario*, un buque de guerra británico del siglo XVIII, duró 35 años. En 2008, Kennard formó un equipo con Dan Scoville y juntos usaron la tecnología sonora para localizar el buque naufragado en el lago Ontario. Pero los buzos acuáticos no podían alcanzarlo, ya que el barco yacía a 500 pies debajo de la superficie. En cambio, los hombres usaron un vehículo operado a distancia que creó Scoville con el fin de explorar el lago y confirmar la identidad del barco. El vehículo tiene iluminación de alta intensidad y cámaras que sacan fotos de naufragios. Las imágenes mostraban un enorme buque de vela. Por fin, Kennard había hallado el *HMS Ontario*.

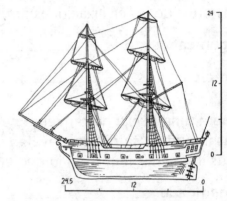

El *HMS Ontario* medía 24.5 metros de largo (más de 80 pies) y tenía mástiles tan largos como el barco.

Responde las preguntas acerca del texto.

1. ¿Cómo está organizada la información del texto? ¿Cómo te ayuda?

_____

_____

2. ¿Qué inventos ayudaron a Kennard y Scoville en su descubrimiento?

_____

3. ¿Qué parte del proceso ayudó a confirmar la identidad del buque?

_____

4. ¿Qué información técnica brindan el diagrama y el pie de ilustración?

_____

_____

Nombre _____

Lee cada pasaje. Subraya las claves de contexto que definen el significado de la palabra en negrilla. Escribe el significado de la palabra. Luego, incluye la palabra en una oración.

1. Durante muchos años, los arqueólogos usaron instrumentos simples, como pequeñas palas y escobillas, con las que removían minuciosamente el polvo y la arena de las **reliquias**. Esperaban que esos objetos del pasado develaran los misterios de las civilizaciones antiguas.

   Significado: _____

   Oración: _____

2. Ahora, una nueva herramienta ha transformado la arqueología. Las imágenes satelitales **revelan** secretos escondidos bajo la tierra. Esas imágenes muestran lo que el ojo humano no puede ver.

   Significado: _____

   Oración: _____

   _____

3. En el año 2000, la arqueóloga Sarah Parcak comenzó a buscar rastros de antiguas aldeas de Egipto. Sabía que muchas construcciones podían haber quedado enterradas en los terrenos inundables del río Nilo. Al desplazarse, las arenas del desierto podrían haber cubierto asentamientos enteros. Parcak decidió emplear la alta tecnología para **localizar** los sitios donde podrían estar esos asentamientos.

   Significado: _____

   Oración: _____

   _____

4. En el año 2010, Parcak y su equipo contaban con dos juegos de imágenes satelitales, que **analizaron** y compararon durante más de un año. Este estudio le reveló a Parcak que las imágenes más significativas habían sido tomadas hacia el final del invierno, cuando la tierra estaba húmeda.

   Significado: _____

   Oración: _____

   _____

Nombre _____

A. Lee el siguiente borrador. Las preguntas te servirán para pensar cómo mejorar la organización de la idea principal y los detalles de apoyo del párrafo.

Borrador

Creo que deberíamos visitar la Luna otra vez. La última vez que un humano caminó sobre la Luna fue en 1972. Desde ese entonces, ha habido muchos avances tecnológicos.

---

1. ¿Qué palabras o frases agregarías para aclarar la oración temática?

2. ¿Cómo corregirías la segunda oración para que reforzara la idea de la oración temática?

3. ¿Qué puntos agregarías para mejorar las ideas de la última oración y conectarlas al tema? ¿Qué transiciones usarías?

4. ¿Qué oración agregarías al final para que el lector quisiera leer el próximo párrafo?

B. Ahora, revisa el borrador. Escribe una mejor oración temática y agrega ideas de apoyo más expresivas y específicas para el tema.

_____

_____

_____

_____

_____

_____

Nombre_____

El estudiante que escribió los párrafos de abajo usó detalles de diferentes fuentes para responder a la instrucción: *¿En qué se parecen Óptimus de "Excursión a Marte" y el espectrómetro de Buscador de planetas?*

Si bien Óptimus es un robot ficticio de la historia "Excursión a Marte", se parece al espectrómetro que se describe en *Buscador de planetas*.

Una manera en que Óptimus y el espectrómetro se parecen es que ambos son inventos que condujeron a nuevos descubrimientos. En "Excursión a Marte", el suministro de aire de una de las colonias se contaminó y ningún ser humano podía descubrir la causa de la contaminación sin enfermarse. Al ser un robot, Óptimus podía descubrir la causa sin verse afectado. En *Buscador de planetas*, el autor explica que el espectrómetro descubre planetas que no pueden ser observados con un telescopio.

Otra manera en que ambos inventos se parecen es en su funcionamiento. En "Excursión a Marte", se dice que Óptimus tiene un "analizador de partículas". Así es como funciona un espectrómetro. Separa las ondas luminosas de las estrellas en un espectro de colores visible. Al analizar la longitud de las ondas de los diferentes colores, los científicos pueden saber si una estrella se acerca o se aleja de la Tierra y, en consecuencia, pueden saber cómo la fuerza de gravedad de un planeta afecta a esa estrella.

Por último, estos inventos se parecen en sus logros y en su funcionamiento. Y, como gran parte de la tecnología científica, ¡son fascinantes!

Vuelve a leer el pasaje. Realiza los siguientes ejercicios.

1. ¿Cuál es el tema de este ejemplo de escrito? **Encierra en un círculo** la oración que indica la idea principal.

2. ¿Cómo se explica y se amplía el tema? **Encierra en un recuadro** las oraciones que organizan el contenido de los párrafos bien escritos.

3. **Subraya** el término de secuencia que se utiliza para concluir el tema.

4. Escribe en la línea uno de los adjetivos invariables que Inez usa en el texto.

_____

Nombre _____

catastrófico	enviar	obsoleto	aplicación
elevar	magnético	posteriormente	monitorizar

Escribe una oración completa para responder cada pregunta.
Incluye la palabra en negrilla en tu respuesta.

1. ¿En qué situación usarías un objeto **magnético**?

_____

2. ¿Cómo puedes **enviar** un libro a otro país?

_____

3. ¿Qué fenómeno natural **catastrófico** conoces?

_____

4. ¿Cómo se puede **monitorizar** un tornado?

_____

5. Si te cayeras de un árbol, ¿qué harías **posteriormente**?

_____

6. ¿Por qué es necesaria la **aplicación** de algunas vacunas?

_____

7. ¿Por qué dirías que una vieja máquina de escribir es **obsoleta**?

_____

8. ¿En qué situación **elevarías** una señal?

_____

Nombre _____

Lee la selección. Completa el organizador gráfico de punto de vista del autor.

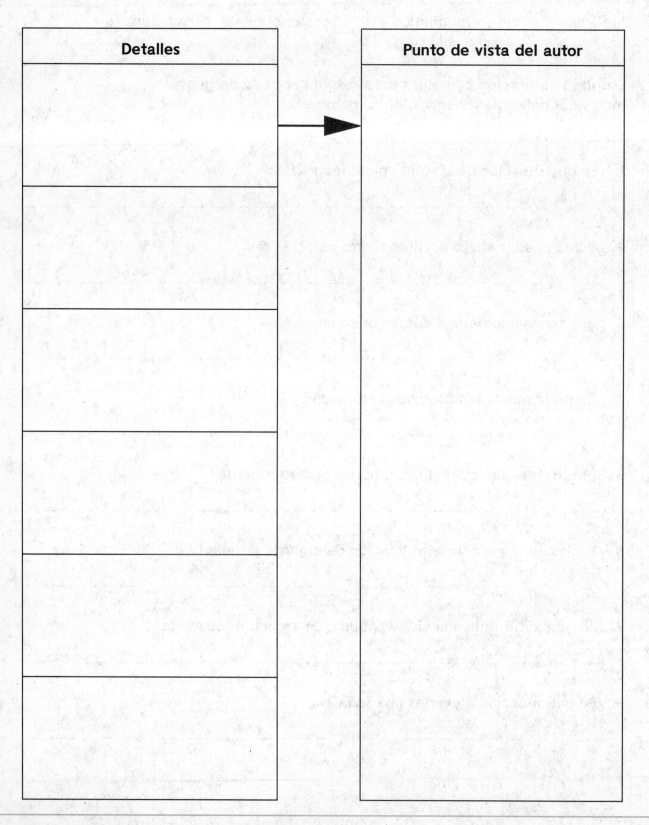

Detalles	Punto de vista del autor

Nombre _____

Lee el pasaje. Aplica la estrategia de resumir para verificar que has comprendido la lectura.

¡Al espacio desde casa!

	Si alguna vez te preguntaste cómo sería viajar al espacio, ahora
11	tendrás la respuesta. Los fanáticos del espacio han diseñado programas
21	informáticos con los que podrás experimentar viajes al espacio sin
31	salir de la Tierra. Con algunos programas, puedes observar la galaxia
42	como si estuvieses en un planetario usando un telescopio. Con otros,
53	puedes simular flotar por el universo como un astronauta en una nave
65	espacial. Del mapa más grande del mundo a los simuladores de vuelo,
77	la exploración espacial puede ser muy divertida. Los viajes espaciales
87	virtuales no son solo para niños: muchos astronautas de computadora son
98	adultos que también quieren conocer nuestro vasto sistema solar.

Enseñanzas tecnológicas — 107

109	¿Alguna noche has mirado hacia arriba y te has deslumbrado por el
121	enorme cielo estrellado? Ahora puedes mirar esa maravilla de cerca.
131	Los programas informáticos que emplean datos de naves orbitales y
141	telescopios reales están disponibles para el público. El proyecto Sloan
151	Exploración Digital del Espacio (SDSS) trata de crear un mapa del
162	universo. Sus creadores han identificado cientos de millones de objetos.
172	Cualquiera con una computadora puede observar imágenes y datos
181	de la exploración solo con ingresar en *SkyServer*. Sus instrumentos de
192	navegación te llevan en una travesía a través del cielo nocturno. No
204	obstante, es fácil perderse en el universo. Por eso, *SkyServer* ofrece juegos
216	y proyectos para mantener orientados a los astronautas de computadora.
226	Desde 2009, NASA y Microsoft trabajan juntos para que las imágenes
237	planetarias estén al alcance del público. El resultado es el *WorldWide*
248	*Telescope*, al que sus creadores llaman "el mejor telescopio del mundo", y
260	que reúne información de telescopios y observatorios de todo el planeta.
271	Las excursiones guiadas te permiten ir en una travesía espacial mil
282	millones de años atrás y echar una mirada al futuro. Se ven las posiciones
296	de los planetas desde cualquier lugar de la Tierra y en cualquier momento.

Nombre _____

Stellarium es un programa muy fácil de usar. Con él puedes observar los astros como si estuvieras en un planetario. Amplía la imagen para ver los nombres de los objetos en el cielo. Observa el universo desde cualquier lugar. Para visitar Júpiter, escribe el nombre del planeta, y el programa te lanzará hacia el cielo.

Celestia es otro programa gratuito que ofrece la aventura de explorar la galaxia. Este programa también se parece a visitar un planetario. En él puedes marcar puntos en el sistema solar y viajar entre los planetas. También presenta una aplicación muy sencilla, con la que puedes elegir un planeta o estrella cuya imagen quieras ampliar. Verás estrellas, planetas y lunas hasta llegar a tu destino.

En la órbita virtual

Bruce Irving es uno de los embajadores del Sistema Solar de la NASA. Es un destacado autor y profesor de exploradores del espacio virtual. Sus libros en línea y de libre acceso son buenas herramientas para usar *Orbiter*, el programa de simulación espacial del Dr. Martin Schweiger. Con él puedes experimentar un paseo en una nave espacial mediante vuelos pregrabados. Luego, puedes aprender a planear tu propio viaje a Marte o ver a Júpiter desde tu cabina virtual. *Orbiter* tiene suficientes niveles de aprendizaje como para desafiar hasta a los usuarios más avanzados.

No es difícil interesarse por la exploración espacial y la simulación de vuelos. Los programas de computadora han abierto el camino para que personas de todas las edades experimenten el espacio. Científicos entusiastas y expertos informáticos han hecho que el entusiasmo por los vuelos espaciales sea accesible para todos.

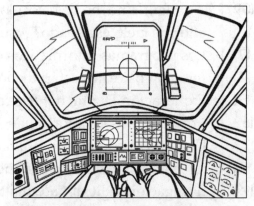

Gráficos como este (la cabina de un vehículo del *Orbiter*) le dan más realismo a la simulación.

Las simulaciones requieren entrenamiento

La simulación de viajes espaciales exige cierto aprendizaje antes de que puedas hacer algo más que tomar un paseo de demostración. Como puedes ver al observar la cabina virtual en el modelo de demostración, experimentar simulaciones de lanzamientos propios precisará de un poco de supervisión.

Nombre _____

A. Vuelve a leer el pasaje y responde las preguntas.

1. ¿Qué detalles incluye el autor sobre lo que te permite hacer el *WorldWide Telescope*?

_____

_____

_____

2. ¿Qué detalles incluye el autor sobre lo que te permite hacer el programa *Celestia*?

_____

_____

3. ¿Qué palabras que usa el autor para describir *Stellarium* te demuestran su punto de vista sobre el programa?

_____

_____

4. ¿Cómo describirías el punto de vista del autor sobre los programas de computadora que simulan la exploración espacial?

_____

_____

_____

B. Trabaja con un compañero o compañera. En voz alta, lean el pasaje durante un minuto. Presten atención al ritmo y la precisión. Completen la tabla.

	Palabras leídas	–	Cantidad de errores	=	Palabras correctas
Primera lectura		–		=	
Segunda lectura		–		=	

Nombre _____

El *lander* robótico de la NASA

Imagínate una nave espacial robótica que aterriza en un planeta lejano. La NASA está justamente probando un *lander* robótico para explorar la Luna y otros cuerpos del espacio. "Mighty Eagle", el primer *lander* de este tipo, es una nave que pesa 700 libras, tiene tres patas, cuatro pies de alto y ocho pies de ancho. Durante las pruebas en 2011, el *lander* alcanzó una altura de 100 pies, planeó un tiempo y luego aterrizó a salvo. A bordo, una computadora preprogramada guía a "Mighty Eagle", nuestro último avance en exploración espacial.

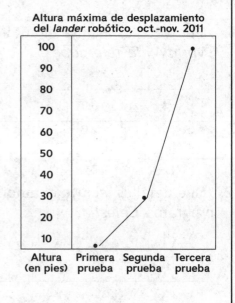

Altura máxima de desplazamiento del *lander* robótico, oct.-nov. 2011

Responde las preguntas acerca del texto.

1. ¿Cómo sabes que este es un texto expositivo?

   _____

   _____

2. ¿Qué características del texto contiene?

   _____

3. ¿Tiene el texto un buen título, teniendo en cuenta la información? ¿Por qué?

   _____

   _____

4. ¿Qué información brinda la gráfica de puntos?

   _____

Nombre _____

Lee cada pasaje. Luego, explica cómo cambiaría el tono de la oración si se reemplazaran las palabras en negrilla por las palabras entre paréntesis.

1. Con otros, puedes simular **flotar** por el universo como un astronauta en una nave espacial. (volar)

   _____

   _____

2. Del mapa más grande del mundo a los simuladores de vuelo, la **exploración** espacial puede ser muy divertida. (investigación)

   _____

   _____

3. Los viajes espaciales virtuales no son solo para niños: muchos astronautas de computadora son adultos que también quieren conocer nuestro **vasto** sistema solar. (gran)

   _____

   _____

4. Ahora puedes mirar esa **maravilla** de cerca. (vista impresionante)

   _____

   _____

5. Sus instrumentos de navegación te llevan en una **travesía** a través del cielo nocturno. No obstante, es fácil perderse en el universo. (viaje)

   _____

   _____

6. *Celestia* es otro programa gratuito que ofrece la **aventura** de explorar la galaxia. (actividad)

   _____

   _____

Nombre _____

A. Lee el siguiente borrador. Las preguntas te servirán para revisar el borrador y reemplazar palabras poco precisas por palabras de contenido sobre el tema técnico.

Borrador

Mi objeto tecnológico preferido es una computadora en tableta. Tiene un procesador rápido y teclas programables. Tiene mucha capacidad de memoria.

---

1. ¿Qué palabras del borrador pueden reemplazarse por palabras de contenido más precisas sobre el objeto tecnológico?

2. ¿Qué palabras de contenido puedes escribir para ser más específico sobre la capacidad de memoria de la tableta?

3. ¿Qué otras palabras de contenido puedes agregar al borrador? Piensa, por ejemplo, si la tableta tiene cámara o alguna aplicación particular.

B. Ahora, revisa el borrador y reemplaza palabras poco precisas por palabras de contenido.

_____

_____

_____

_____

_____

_____

_____

_____

_____

_____

Nombre _____

El estudiante que escribió los párrafos de abajo usó detalles de diferentes fuentes para responder a la instrucción: *¿Crees que alguna de las naves espaciales del programa del transbordador espacial de la NASA debería haber sido enviada a Houston, Texas?*

"Houston, tenemos un problema", podrían decir muchos astronautas. El problema es que cuando el programa del transbordador de la NASA terminó, Houston, Texas, no se quedó con ninguna de las naves espaciales. El Centro Espacial Johnson, en Houston, había sido el lugar desde el cual se controlaban las misiones de ese programa. Las personas de ese centro de control fueron de gran ayuda para lograr algunas de las misiones más importantes en la exploración espacial. Por ejemplo, el transbordador espacial *Discovery* lanzó el telescopio espacial Hubble, que ha permitido a los astrónomos profundizar su conocimiento de cómo se forman las galaxias. Además, los transbordadores fueron de ayuda para solucionar muchos problemas. El transbordador *Endeavour* fue enviado para reparar al Hubble cuando este comenzó a enviar imágenes y fotografías borrosas. ¡La misión fue un éxito! Las imágenes mejoraron. Por último, los transbordadores espaciales también llevaron materiales de construcción a la Estación Espacial Internacional.

Houston era el lugar donde vivían los astronautas cuando no estaban en el espacio. Vivían, trabajaban y criaban a sus familias allí. Llevar uno de los transbordadores a Houston habría sido como regresarlo a su hogar. Quienes pasaron décadas de su vida trabajando en el programa se merecían la posibilidad de rendir homenaje a lo que lograron tras tanto trabajo.

Vuelve a leer el pasaje. Realiza los siguientes ejercicios.

1. ¿Cuáles son algunos de los logros específicos del programa del transbordador espacial? **Encierra en un círculo** el lenguaje preciso que apoya el argumento.

2. ¿Por qué uno de los transbordadores espaciales debería estar en Houston? **Encierra en un recuadro** la evidencia del texto que apoya el argumento.

3. **Subraya** al menos tres palabras de contenido relacionadas con el tema del texto.

4. Escribe en la línea un ejemplo de concordancia entre dos sustantivos y un adjetivo que Darell usa en el texto.

Nombre _____

comestible	dominante	impenetrable	ornamentar
reponer	significativo	distribución	valor

Escribe una oración con las dos palabras de vocabulario.

1. impenetrable, significativo

_____

_____

_____

2. comestible, reponer

_____

_____

_____

3. ornamentar, dominante

_____

_____

_____

4. distribución, valor

_____

_____

_____

Nombre _____

Lee la selección. Completa el organizador gráfico de idea principal y detalles.

Idea principal
Detalle
Detalle
Detalle

Nombre _____

Lee el pasaje. Aplica la estrategia de hacer y responder preguntas para verificar que comprendes lo que lees.

A la caza de la energía solar

	Desde que el mundo es mundo, hemos dependido del sol para adquirir
12	la energía que necesitamos. Esa energía se llama energía solar. En la
24	antigüedad, las personas se protegían del frío directamente con el sol o
36	indirectamente gracias a la energía del sol que se almacena en la madera
49	y es liberada cuando la madera arde. También utilizaban energía solar
60	almacenada cuando se alimentaban de plantas o animales, que a su vez
72	habían obtenido energía de las plantas. Actualmente, usamos la energía
82	solar contenida en el petróleo, el carbón y el gas natural.
93	Como el petróleo, el carbón y el gas tardan mucho en formarse, usarlos
106	como fuentes de energía tiene una desventaja: no pueden ser reemplazados
117	mientras los usamos. Como la Tierra recibe luz constantemente del sol, la
129	energía solar directa es una fuente de energía renovable.
138	Antiguamente, las personas obtenían la energía solar al transformar los
148	rayos solares en energía térmica, es decir, energía del calor. Los antiguos
160	griegos y los romanos encendían antorchas utilizando el reflejo del sol
171	sobre espejos. Los romanos descubrieron que con las ventanas de vidrio se
183	podía capturar el calor del sol. Los indígenas americanos construían casas
194	en los acantilados para capturar el calor del sol durante el día y así calentar
209	la casa a la noche. La tecnología solar no es nueva. De todas maneras
223	seguimos descubriendo nuevas formas de capturar la energía del sol.

233	**De la luz a la electricidad**
239	Actualmente, también contamos con tecnología para convertir la
247	energía solar en energía eléctrica, es decir, la electricidad. En 1839, el
259	científico francés Edmund Becquerel realizó un descubrimiento muy
267	importante cuando observó que algunos materiales generaban corriente
275	eléctrica al absorber la luz. En 1905, Albert Einstein describió los detalles
287	de este proceso y su trabajo fue la base de muchos progresos en términos
301	de tecnología solar.

Convertir, colectar y almacenar

En la década de 1950, los científicos estadounidenses desarrollaron una célula solar que podía transformar la energía del sol en corriente eléctrica. Las células se colocaron en unidades más grandes llamadas módulos. Luego, la NASA decidió invertir en energía solar para sus proyectos de viajes espaciales. Al combinar módulos solares, desarrollaron una fuente eléctrica más poderosa: el panel solar. La NASA usó esta tecnología, por primera vez, en su satélite *Vanguard I* en 1958.

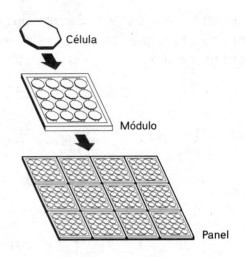

La energía del sol puede producir calor y energía, pero debe ser almacenada para un uso posterior. El calor solar también puede ser capturado por colectores que serán, más tarde, almacenados. En 1767, un científico suizo desarrolló el primer colector solar. Un colector solar plano utiliza platos de metal oscuro, cubiertos por piezas de vidrio. La temperatura del vidrio aumenta cuando recibe la energía del sol y luego el calor se transporta a través del agua o el aire hacia el depósito. A menudo, los colectores se utilizan para calentar hogares o agua. Por otro lado, un colector concentrado se utiliza para capturar mayor cantidad de calor. En este caso, una capa de espejos cuidadosamente ubicados concentra los rayos solares. La luz llega desde un área amplia y se concentra en un pequeño receptor. Estos hornos solares pueden alcanzar temperaturas de hasta 2,000 grados Celsius.

Una energía renovable disponible

La energía solar tiene muchas ventajas. No contamina, es de libre acceso y está ampliamente disponible. El desafío es recibir y almacenar energía de esta fuente de una manera económica. Actualmente, mucha gente utiliza la energía solar en sus casas o en sus empresas. Los calentadores de agua y los paneles de recolección están reduciendo costos de energía, y los nuevos diseños de ventanas, claraboyas e incluso tejas son útiles para capturar la energía solar de forma directa.

Desde la antigüedad hasta hoy, los seres humanos han buscado la mejor manera de capturar nuestro asombroso sol. Actualmente, la conciencia sobre la necesidad de una energía renovable y limpia hace que mirar al sol tenga más sentido que nunca. El potencial de la energía solar es enorme.

Nombre _____

A. Vuelve a leer el pasaje y responde las preguntas.

1. Lee el primer párrafo. Escribe dos detalles que respalden la idea principal de que las personas siempre dependieron del sol para obtener energía.

   _____

   _____

   _____

   _____

2. ¿Cuál es la idea principal del tercer párrafo?

   _____

   _____

   _____

3. Lee la sección "Convertir, colectar y almacenar". ¿Cuál es la idea principal? Señala un detalle que la respalde.

   _____

   _____

   _____

   _____

B. Trabaja con un compañero o compañera. En voz alta, lean el pasaje durante un minuto. Presten atención al ritmo y la precisión. Completen la tabla.

	Palabras leídas	–	Cantidad de errores	=	Palabras correctas
Primera lectura		–		=	
Segunda lectura		–		=	

Litio, la materia prima más novedosa

Al igual que el petróleo y el gas natural que alimentan nuestros autos y hogares, el litio se ha vuelto una valiosa materia prima. Es un metal blanco plateado liviano con una gran conductividad eléctrica. Por eso, los dispositivos eléctricos que necesitan de una batería de larga vida, como las computadoras portátiles o los teléfonos móviles, funcionan con litio. Las reservas más grandes del mundo se encuentran en las salinas de Chile y Bolivia, en América del Sur. A pesar de que el litio es una fuente de energía limpia, su extracción implica un trabajo sucio. El metal precioso es extraído de la tierra y se deja cocer bajo el fuerte sol del desierto. Entonces se convierte en un líquido grasoso y amarillo que puede utilizarse como fuente de energía. Para algunas personas hay una pregunta sin resolver: ¿cuánto daño ambiental produce la explotación minera del litio?

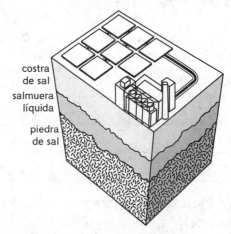

costra de sal
salmuera líquida
piedra de sal

El litio se bombea desde una capa de salmuera líquida hasta la superficie de la Tierra.

Responde las preguntas acerca del texto.

1. ¿Cuál es el proceso que se explica en el texto?

   _____

   _____

2. ¿Cómo puedes entender el proceso con el diagrama y los pies de ilustración?

   _____

   _____

3. ¿Por qué hay personas preocupadas por la explotación minera del litio?

   _____

   _____

Nombre _____

Lee cada oración. Escribe la raíz latina de las palabras en negrilla guiándote por la tabla, y luego escribe una oración que contenga la palabra.

Raíz latina	Significado
flec	doblar, desviar
scrib	escritura
vert	dar vuelta
post	después, detrás

1. Actualmente, también contamos con tecnología para **convertir** la energía solar en energía eléctrica, es decir, la electricidad.

   raíz: _____

   oración: _____

2. Los antiguos griegos y los romanos encendían antorchas utilizando el **reflejo** del sol sobre espejos.

   raíz: _____

   oración: _____

3. En 1905, Albert Einstein **describió** los detalles de este proceso.

   raíz: _____

   oración: _____

4. La energía del sol puede producir calor y energía, pero debe ser almacenada para su uso **posterior**.

   raíz: _____

   oración: _____

Nombre _____

A. Lee el siguiente borrador. Las preguntas te servirán para pensar cómo variar la longitud y estructura de las oraciones.

Borrador

Debemos proteger nuestros suministros de agua. Las personas, animales y plantas morirán sin ellos. Debemos detener la contaminación.

---

1. ¿Qué detalles nuevos puedes agregar a la primera oración para llamar la atención de los lectores? ¿Qué cambios debes hacer en la puntuación de la oración?

2. ¿Cómo podrías reducir la segunda oración para enfatizar la idea? ¿Cómo se puede reorganizar la oración para que el sujeto no esté al comienzo?

3. ¿Qué palabras, frases o cláusulas puedes agregar a la tercera oración para relacionarla mejor con la oración anterior?

B. Ahora, revisa el borrador y cambia la longitud y estructura de las oraciones para lograr un texto más natural y que atraiga a los lectores.

_____

_____

_____

_____

_____

_____

_____

Nombre _____

El estudiante que escribió los párrafos de abajo usó detalles de diferentes fuentes para responder a la instrucción: *¿De qué manera las características del texto apoyan el texto de* La historia de la sal *y "Un toque no tan dorado"?*

En *La historia de la sal* y "Un toque no tan dorado", los ilustradores usan imágenes para que el lector comprenda mejor el texto. En *La historia de la sal*, por ejemplo, la imagen en la que se ve a los colonos intercambiando bienes y sal a través de los continentes ayuda al lector a comprender que los británicos trataban de controlar el comercio de la sal. En "Un toque no tan dorado", el lector ve en las imágenes que todo lo que el rey tocaba se convertía en oro.

A veces, las características del texto también pueden ayudar al lector a darse cuenta de cierta información que no está allí tan explícitamente. Por ejemplo, la imagen de la mina de sal de Wieliczka en *La historia de la sal* sugiere que las personas visitaban frecuentemente las minas de sal como si fuera una atracción turística.

Las características del texto, además, ayudan al lector a comprender el significado de las palabras. En *La historia de la sal* se incluyen imágenes que proveen información específica. La imagen de la momia cubierta de sal me ayudó a comprender el significado de la palabra "conservación". En "Un toque no tan dorado", al ver en la ilustración la actitud de enojo de los esclavos, comprendemos que lo que hizo el rey tuvo malas consecuencias.

En resumen, hay varias características del texto en ambas historias que ayudan al lector a comprender fácilmente el texto.

Vuelve a leer el pasaje. Realiza los siguientes ejercicios.

1. ¿De qué tratan estos párrafos? **Encierra en un círculo** la oración que funciona como introducción del tema.

2. **Encierra en un recuadro** dos oraciones con diferentes patrones oracionales.

3. **Subraya** el buen final que reafirma la introducción del tema y concluye lógicamente a partir de la evidencia en los párrafos.

4. Escribe en la línea uno de los adverbios que Mateo usa en el texto.

_____

Nombre _____

alterado	ardiente	dormir	inútil
populoso	presumir	crucial	urgencia

Escribe una oración completa para responder cada pregunta.
Incluye la palabra en negrilla en tu respuesta.

1. ¿Qué puede provocar que una persona esté **alterada**? _____

_____

2. ¿Por qué es peligroso tomar con las manos un leño **ardiente**? _____

_____

3. Menciona un ejemplo de una ciudad **populosa**. _____

_____

4. En un hospital, ¿cuál es la diferencia entre una **urgencia** y una emergencia?

_____

_____

5. ¿Por qué se dice que es **crucial** usar cinturón de seguridad? _____

_____

6. ¿Qué puedes **presumir** al ver una señal de "alto"? _____

_____

7. ¿Cuántas horas diarias es conveniente **dormir**? _____

_____

8. ¿Por qué el caucho fue considerado **inútil** hasta el siglo XIX? _____

_____

Nombre _____

Lee la selección. Completa el organizador gráfico de causa
y efecto.

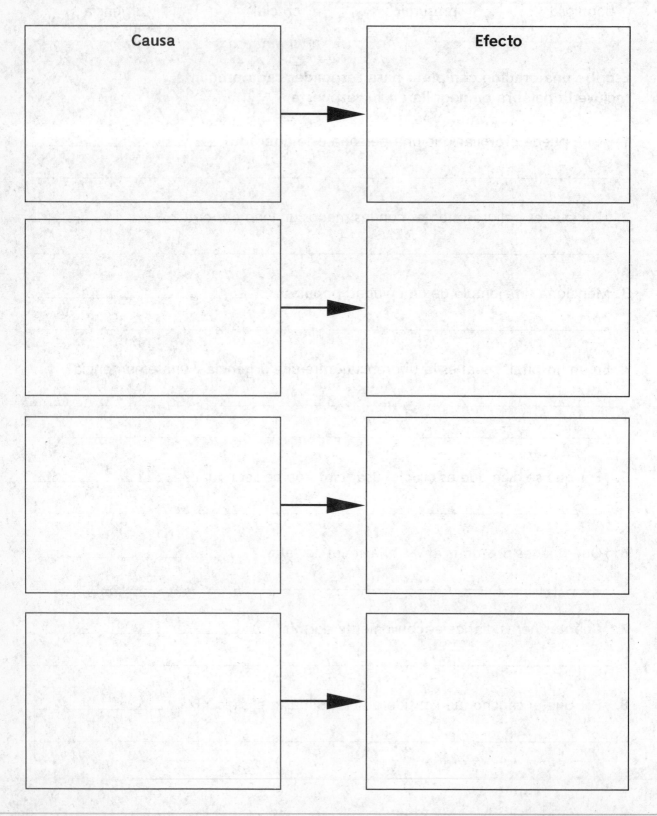

Nombre _____

Lee el pasaje. Aplica la estrategia de hacer y responder preguntas para verificar que comprendes lo que lees.

El incendio de Triangle Shirtwaist

13	La ciudad de Nueva York era un centro industrial pujante en 1911. La
26	industria textil era una de las fuentes de empleo más importantes de esa
34	época. Las mujeres inmigrantes eran quienes, habitualmente, trabajaban
44	en estas fábricas, cortando y cosiendo tela para fabricar indumentaria.
55	Había una fuerte competencia entre las fábricas textiles por obtener las
66	mayores ganancias y, como resultado, muchas veces el salario de los
77	trabajadores y las condiciones de trabajo sufrían las consecuencias. No era
87	para nada extraño que los trabajadores inmigrantes trabajasen en fábricas
90	sucias y superpobladas.
99	La fábrica Triangle Shirtwaist se especializaba en confeccionar una
111	blusa abotonada para mujer; en inglés la blusa se llamaba *shirtwaist*. La
123	fábrica, que se encontraba en los últimos tres pisos del edificio Asch,
136	contaba con cerca de 600 empleados, de los cuales 500 eran mujeres. Las
149	máquinas de coser se colocaban casi sin separación entre ellas y los restos
159	de tela cubrían el piso. No había tiempo para limpiar.
174	A las 4:45 de la tarde del 25 de marzo de 1911, la fábrica Triangle
186	Shirtwaist comenzó a arder de forma incontrolable. Era casi el final de
199	la jornada laboral, por lo que muchos estaban listos para salir, con sus
211	abrigos en mano. El desenlace fue trágico para 146 personas, que murieron
226	apresadas por el fuego y que estaban a solo unos minutos de volver a casa.
239	Un sastre del octavo piso fue el primero en oír los chisporroteos del
252	fuego. Junto con el administrador de la fábrica, comenzó a atacar las llamas
266	con baldazos de agua. Por encima de las máquinas de coser, las largas sogas
278	sobre las cuales colgaban las *shirtwaist* se convirtieron en un banquete para
290	el fuego voraz. Los hombres intentaban controlar el fuego, pero era como
306	intentar tapar el sol con un dedo. La soga se quemó y se partió en dos.
318	Como resultado, las blusas en llamas cayeron sobre las máquinas de coser
331	eléctricas y sobre las mesas de madera. Rápidamente, la sala llena de telas
	se convirtió en el escenario ideal para la propagación del fuego.

Nombre _____

Una imagen vale más que mil palabras

Al igual que las nubes que se agrupan antes de una tormenta, las primeras chispas anticiparon la impensable catástrofe de Nueva York. El caos reinaba en la fábrica y los trabajadores se encontraron con las salidas bloqueadas. Había solo una salida de incendios. Un elevador funcionaba, pero solo por poco tiempo. Las escaleras estaban en llamas. Como no tenían adónde escapar, los empleados tomaron decisiones no siempre acertadas, pues la desesperación es mala consejera.

Sarah Friedman Dworetz trabajaba en el noveno piso aquel día. Dijo en una entrevista: "Había gritos y empujones, y muchas trabajadoras intentaban trepar a las mesas de las máquinas". Mientras esperaba el elevador, Sarah observó las llamas acechando por todas partes. "De repente me estaba sosteniendo de los costados de la puerta, mirando hacia el hueco del elevador, con mis compañeras gritando y empujando detrás de mí". Sarah alcanzó el cable del elevador e intentó sujetarse con fuerza. Se deslizó en el hueco y cayó sobre el techo del elevador, donde quedó inconsciente. Algunas muchachas siguieron a Sarah, y muchas cayeron sobre su lastimado cuerpo.

Otras trataron de escapar por la ventana, pero, lamentablemente, no fueron capaces de hacerlo. El fuego asesino se extinguió en treinta minutos.

Ya se habían registrado otros incendios en la fábrica Triangle. Los expertos habían reclamado más medidas de seguridad. En 1909, los trabajadores sindicalizados habían hecho una huelga para protestar por las condiciones de trabajo, pero sus reclamos fueron ignorados. Desafortunadamente, los propietarios de la fábrica no fueron castigados, pero la indignación de la sociedad

Library of Congress, Prints & Photographs Division LLC-USZ62-349851

Carro de bomberos de camino al incendio de la fábrica Triangle Shirtwaist.

condujo a reformas. Los trabajadores organizados y dirigentes políticos pusieron manos a la obra. Las reformas hicieron válido el dicho de más vale tarde que nunca, pero para las mujeres que perdieron su vida en el incendio fue demasiado tarde.

Nombre _____

A. Vuelve a leer el pasaje y responde las preguntas.

1. ¿Cuál fue la causa de los bajos salarios y las malas condiciones
   de trabajo en las fábricas textiles de principios del siglo XX?

   _____

   _____

2. Una vez iniciado el fuego, ¿qué efecto produjo tener ropa y restos
   de tela acumulados en el piso y blusas cubriendo toda la fábrica?

   _____

   _____

   _____

3. ¿Qué causó que tantos trabajadores quedaran atrapados en la fábrica?

   _____

   _____

   _____

4. ¿Cuál fue el efecto de la indignación de las personas por el incendio?

   _____

   _____

   _____

**B. Trabaja con un compañero o compañera. En voz alta, lean el pasaje durante
un minuto. Presten atención a la entonación y el fraseo. Completen la tabla.**

	Palabras leídas	–	Cantidad de errores	=	Palabras correctas
Primera lectura		–		=	
Segunda lectura		–		=	

Nombre _____

Baltimore en llamas

El 7 de febrero de 1904 parecía un domingo como cualquiera para los bomberos de la unidad 15 de Baltimore, en Maryland. Pero todo cambió cuando a las 10:48 a.m. recibieron una alarma de fuego procedente de la compañía John Hurts. Poco después de que el camión de bomberos llegara al edificio, el fuego de un sótano produjo una explosión en el hueco de un elevador. A partir de ese momento, el fuego se esparció rápidamente. Durante dos días los bomberos trabajaron arduamente para extinguir la llamarada que se tragó a la ciudad. El 9 de febrero de 1904, el periódico *The New York Times* escribió: "Un territorio de 12 cuadras por 9, y de más de una milla de zona costera quedó en humeantes, horrorosas ruinas". Con la misma intensidad con la que el fuego destruyó todo, la ciudad de Baltimore comenzó rápidamente a reconstruirse y recuperarse.

Library of Congress, Prints & Photographs Division [LC-F8-442941]

Humo y ruinas del gran incendio de Baltimore en 1904.

Resuelve las actividades acerca del texto.

1. Menciona dos características de la narrativa de no ficción que aparezcan en el texto.

   _____

   _____

2. ¿Qué información le agrega al texto la cita de fuente primaria?

   _____

   _____

3. ¿Qué utilidad tiene la foto para entender la dimensión del incendio?

   _____

   _____

Nombre _____

**Lee cada pasaje. Explica el significado de los refranes
y proverbios que aparecen en la lectura.**

1. Los hombres intentaban controlar el fuego, pero era como
   intentar **tapar el sol con un dedo**.

   _____

   _____

2. **Una imagen vale más que mil palabras**.

   _____

   _____

3. Como no tenían adónde escapar, los empleados tomaron decisiones
   no siempre acertadas, pues **la desesperación es mala consejera**.

   _____

   _____

4. Las reformas hicieron válido el dicho de **más vale tarde que nunca**.

   _____

   _____

Nombre _____

A. Lee el siguiente borrador. Las preguntas te servirán para pensar cómo lograr un estilo y tono más objetivos.

Borrador

Los autos seguían zumbando como locos en nuestro vecindario y no se detenían ante las señales de alto. Era una locura muy peligrosa cruzar la calle.

---

1. ¿Cómo podría reescribirse el borrador para lograr un texto más formal?

2. ¿Qué palabras o frases en el borrador deberían cambiarse o sacarse para lograr un tono más objetivo?

3. ¿Cambiar la voz del narrador ayudará a volver el texto más objetivo? Si fuera así, ¿qué palabras o frases deberían cambiarse?

B. Ahora, revisa el borrador y cambia el estilo y el tono del texto para imprimirle un estilo más formal y objetivo.

_____

_____

_____

_____

_____

_____

_____

Nombre _____

El estudiante que escribió los párrafos de abajo usó detalles de diferentes fuentes para responder a la instrucción: ¿Podría haberse evitado que el gran incendio de Chicago de 1871 se expandiera tanto?

> El tristemente célebre gran incendio de Chicago dejó consecuencias lamentables: cientos de decesos y kilómetros de destrucción. El gran incendio de Chicago se expandió rápidamente desde un barrio pobre en la parte oeste de la ciudad hasta el centro y el norte. Pero según los informes de primera mano, podría haberse evitado que el incendio fuera tan extenso.
>
> En la primera noche del incendio, James Hildreth evitó que el incendio se expandiera hacia el sur. Usó explosivos para derribar casas vacías. Una vez demolidas las casas, muchos voluntarios empaparon los escombros, lo que detuvo la expansión del incendio hacia el sur. Según lo explicado en *El gran incendio*, a medida que el incendio se expandía hacia el norte, Hildreth intentó conseguir voluntarios, pero "la palabra 'pólvora' los había aterrorizado". Las personas huyeron y Hildreth admitió la derrota.
>
> En un artículo de 1871 de la revista *The Nation*, Frederik Law Olmsted sugirió que los materiales de construcción usados en las vistosas fachadas con apariencia de piedra contribuyeron a la expansión del incendio. "Las paredes de solo ladrillo... resistieron mejor el fuego que las recubiertas de piedra...".
>
> Si hubiera habido más voluntarios o si las casas hubieras sido construidas con ladrillos, el incendio de Chicago podría haber sido menos extenso.

Vuelve a leer el pasaje. Realiza los siguientes ejercicios.

1. ¿Cómo podría haberse evitado que el incendio de Chicago se expandiera tanto? **Encierra en un círculo** las razones que proveen evidencias claras sobre esta afirmación.

2. ¿Qué estilo y tono se usaron en este escrito de ejemplo? **Encierra en un recuadro** las palabras que demuestran el estilo y el tono.

3. ¿Podría haberse evitado el incendio? **Subraya** la oración que introduce esta afirmación.

4. Escribe en la línea uno de los adverbios comparativos que Gabrielle usa en el texto.

Nombre _____

alternativo	coordinar	corresponder	esencial
marino	saturado	hipótesis	resistente

Completa cada oración con la palabra que se indica.

1. **(alternativo)** El aparato portátil de respiración que inventó Cousteau permitió _____

_____ .

2. **(coordinar)** Para rescatar a los náufragos, la policía y el ejército _____

_____ .

3. **(corresponder)** En Angola, un biólogo descubrió 70 huellas de hace 118 millones

de años, pero no se sabe aún _____ .

4. **(esencial)** Para lograr la fotosíntesis en las plantas, _____ .

5. **(marino)** Luego del naufragio, encontraron un bote con los documentos de la

tripulación, pero _____ .

6. **(saturado)** Si le quitamos color blanco, negro o gris a un color, _____

_____ .

7. **(hipótesis)** El estudiante de biología deseaba _____

_____ .

8. **(resistente)** Las malas hierbas del campo _____

_____

Nombre _____

Lee la selección. Completa el organizador gráfico de idea principal y detalles clave.

Idea principal
Detalle
Detalle
Detalle

Nombre _____

Lee el pasaje. Aplica la estrategia de resumir para verificar que entiendes las ideas principales.

Los secretos del océano

12	Los científicos no sabían mucho sobre la vida en las profundidades del
23	mar hasta que Jacques Cousteau y sus inventos cambiaron todo. Antes,
36	los buzos debían nadar muy cerca de la superficie, ya que no tenían
47	manera de llevar oxígeno con ellos. Cousteau inventó un aparato portátil
58	de respiración y una cámara sumergible. Estos inventos hicieron posible la
	exploración del océano y el registro de las maravillas del mar.

Antiparras, cámaras y buceo

69	
73	Las antiparras no eran parte del equipo de buceo en la década de
86	1930. Los buzos se sumergían sin nada que cubriese sus ojos. Cousteau
98	probó algunas antiparras y se asombró con lo que observó. Su amor por
111	el buceo crecía cada vez más, y estaba muy entusiasmado por compartir
123	sus descubrimientos con el mundo, pero su cámara no funcionaba bajo el
135	agua, y, entonces, pensó en hacerla sumergible. Con las antiparras y una
147	cámara sumergible, Cousteau estaba dispuesto a hacer historia.
155	Más allá de esto, Cousteau también quería bucear más profundo de
166	lo que era posible sin suministro de aire. Envidiaba la libertad de los
179	peces. De todas maneras, no había equipamiento que permitiera a los
190	buzos respirar sin mangueras o tubos conectados a una provisión de
201	oxígeno ubicada en la superficie, lo que ataba a los buzos a un navío que
216	llevaba los voluminosos suministros de aire. En 1943, Cousteau y Emile
227	Gagnan desarrollaron un sistema autónomo de respiración subacuática.
235	Lo llamaron *Aqua-lung*. Este dispositivo supuso una nueva era para la
246	exploración subacuática. El equipo ofrecía una solución para que los
256	buzos obtuvieran aire sin necesidad de estar conectados a un aparato
267	en la superficie que lo suministrara.
273	La nueva herramienta se llamó "equipo autónomo de respiración bajo
283	el agua" (SCUBA). El aparato proporcionaba aire a los buzos a la misma
296	presión que el agua alrededor, y eso les permitía pasar más tiempo
308	sumergidos. El equipo SCUBA cambió la forma en que Cousteau y otros
320	científicos exploraban los océanos.

Nombre _____

Del mar a la televisión

Su máquina para respirar bajo el agua y sus antiparras le permitieron a Cousteau explorar las profundidades del mar. Solo necesitaba un barco desde el cual pudiera lanzarse a bucear. En 1950, Cousteau adquirió el *Calypso*, un barco pequeño pero robusto, y construido de forma tal que podía entrar y salir con facilidad de arrecifes de coral poco profundos. El *Calypso* era perfecto tanto para explorar como para filmar las aventuras subacuáticas de Cousteau.

Cousteau equipó el *Calypso* como un laboratorio desde el que pudiera lanzarse a bucear. El espacio de trabajo del *Calypso* incluía cámaras para filmar bajo el agua y equipo para bucear. Una cámara de observación submarina, conocida como "la nariz falsa del *Calypso*", fue agregada al bote. El compartimiento tenía espacio suficiente para que dos integrantes del equipo filmasen bajo el agua. Cousteau quería compartir lo que él y su equipo observaban en el mar.

Cousteau comenzó a grabar sus exploraciones. Al principio usaba película en blanco y negro, y luego, a color. La revista *National Geographic* vio las fotografías a color de Cousteau y lo invitó a convertirse en colaborador. Luego, comenzaron a filmar sus aventuras subacuáticas para la televisión. Las películas de Cousteau comenzaron a transmitirse por televisión de forma semanal y para todo Estados Unidos. Su programa se volvió tan popular que estuvo en el aire durante nueve años. Cousteau mismo se encargaba de narrar sus programas, describiendo sus hallazgos con su cautivador acento francés.

Cousteau concebía sus películas como unas aventuras en la naturaleza. Era un científico con facilidad para entusiasmarse con todo lo que hacía. Le encantaba explorar aguas desconocidas. Cousteau exploró la vida marina con un entusiasmo que logró transmitir a los televidentes.

Cousteau también se interesó por la conservación marina, para que la vida en el océano fuera preservada y no dañada. Fundó la Sociedad Cousteau en 1974. Cousteau llevó la belleza de la vida subacuática al hogar de los telespectadores, e inspiró al mundo con su amor por el mar.

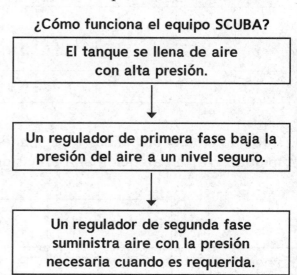

¿Cómo funciona el equipo SCUBA?

El tanque se llena de aire con alta presión.

↓

Un regulador de primera fase baja la presión del aire a un nivel seguro.

↓

Un regulador de segunda fase suministra aire con la presión necesaria cuando es requerida.

Nombre _____

A. Vuelve a leer el pasaje y responde las preguntas.

1. ¿Cuál es la idea principal del primer párrafo? ¿Qué detalles
   del primer párrafo respaldan la idea principal?

   _____

   _____

   _____

2. Describe dos detalles clave del segundo párrafo.

   _____

   _____

   _____

3. ¿Cuál es la idea principal del segundo párrafo?

   _____

   _____

4. Lee el segundo párrafo de la sección "Del mar a la televisión".
   Escribe un detalle clave y la idea principal.

   _____

   _____

   _____

   _____

B. Trabaja con un compañero o compañera. En voz alta, lean el pasaje durante un minuto. Presten atención a la precisión. Completen la tabla.

	Palabras leídas	–	Cantidad de errores	=	Palabras correctas
Primera lectura		–		=	
Segunda lectura		–		=	

Nombre _____

Jane Goodall, experta en chimpancés

Jane Goodall tuvo interés en los animales desde muy pequeña. Dejó Inglaterra en 1960 y se fue a Gombe, en Tanzania, África. Allí comenzó a estudiar los chimpancés, a los que dedicaría su vida. A diferencia de muchos científicos, Jane Goodall le imprimió a su investigación un enfoque muy personal. En lugar de asignarles números, les puso nombres a los chimpancés. Goodall hizo muchos descubrimientos sobre los chimpancés; por ejemplo, que son omnívoros, o sea, que se alimentan de otros animales además de plantas. En 1986 Goodall publicó el libro *Los chimpancés de Gombe: pautas de comportamiento.* En la actualidad, Goodall pasa 300 días al año recorriendo el mundo para enseñar a preservar la vida salvaje.

Los descubrimientos de Goodall

Observa una cría de chimpancé comiendo una cría de jabalí.

↓

Ve chimpancés que están cazando otros mamíferos.

↓

Descubre chimpancés macho que están construyendo utensilios.

Responde las preguntas acerca del texto.

1. ¿Qué término técnico se incluye en el texto expositivo? ¿Cuál es su significado?

_____

_____

2. ¿Qué paso del diagrama de flujo provee una información distinta de los otros dos pasos?

_____

_____

3. ¿Qué conclusión puedes sacar del compromiso de Jane Goodall con los animales en estado salvaje?

_____

_____

Nombre _____

Lee cada pasaje. Subraya las claves de contexto que te sirven para comprender el significado de las palabras en negrilla. Luego, responde la pregunta.

1. Las **antiparras** no eran parte del equipo de buceo en la década de 1930. Los buzos se sumergían sin nada que cubriese sus ojos.

    ¿Para qué se utilizan las **antiparras**? _____

2. En 1943, Cousteau y Emile Gagnan desarrollaron un sistema autónomo de respiración subacuática. Lo llamaron *Aqua-lung*. Ese **dispositivo** supuso una nueva era para la exploración subacuática.

    ¿Qué ejemplo de **dispositivo** se podría encontrar en una cocina? _____

3. Cousteau equipó el *Calypso* como un **laboratorio** desde el que pudiera lanzarse a bucear. El espacio de trabajo del *Calypso* incluía cámaras para filmar bajo el agua y equipo para bucear.

    ¿Quiénes suelen usar **laboratorios** en su trabajo? _____

4. Una **cámara** de observación submarina, conocida como "la nariz falsa del *Calypso*", fue agregada al bote. El compartimiento tenía espacio suficiente para que dos integrantes del equipo filmasen bajo el agua.

    ¿Dónde crees que se toca la música de cámara: en un gran teatro o en una

    pequeña sala? _____

5. Cousteau también se interesó por la **conservación** marina, para que la vida en el océano fuera preservada y no dañada.

    Si un científico trabaja en la **conservación** de la biodiversidad, ¿cuál es su tarea?

    _____

Nombre _____

A. Lee el siguiente borrador. Las preguntas te servirán para ordenar los pasos en secuencia. Esto les permitirá a los lectores entender cómo y por qué se hicieron las cosas.

Borrador

Para construir el hogar de un pez dorado se necesita una pecera, agua purificada y una gravilla especial. Enjuaga la pecera con agua purificada. Lava la gravilla con agua purificada. Pon la gravilla en la pecera. Llena la pecera con el agua purificada.

---

1. ¿Qué palabras o frases puedes agregar para señalar el primer paso en la construcción de la pecera para el pez dorado?

2. ¿Qué palabras o frases puedes agregar para señalar el segundo y el tercer paso del proceso?

3. ¿Qué palabras o frases puedes agregar para señalar el último paso del proceso?

B. Ahora, revisa el borrador y agrega palabras o frases que le sirvan al lector para entender la secuencia de los pasos involucrados en el proceso de construcción de la pecera del pez dorado.

_____

_____

_____

_____

_____

_____

_____

Nombre _____

El estudiante que escribió los párrafos de abajo usó detalles de diferentes fuentes para responder a la instrucción: *¿Cómo ha usado Ramón Bonfil el método científico para estudiar el tiburón blanco?*

El Dr. Ramón Bonfil cursó biología marina en la Universidad de Baja California. En ese momento, él no sabía nada sobre el tiburón blanco. Comenzó a estudiarlo un poco después, por encargo del Instituto Nacional de la Pesca en Yucatán. Y dedicó su carrera no solo a estudiarlos sino también a protegerlos. Para poder realizar nuevos descubrimientos que le permitieran conservar esta especie, Bonfil ha usado el método científico.

Primero, el Dr. Bonfil observó los patrones de migración del tiburón blanco. Descubrió que estos animales son capaces de recorrer inmensas distancias. Luego se preguntó: "¿Es posible que los tiburones hembras recorran las mismas distancias que los machos?".

Después, el Dr. Bonfil planteó una hipótesis: las hembras permanecen en su área nativa. A través de la colocación de un pequeño aparato llamado marcador PAT en el lomo de una hembra llamada Nicole, su hipótesis se vio refutada. Nicole fue desde la costa de Sudáfrica a la costa australiana en tan solo 99 días. Esto demostró que los tiburones hembras también migran.

Luego, el Dr. Bonfil se preguntó: "¿Cuál es la relación entre las poblaciones de tiburones de México y las de otras partes?". Ramón Bonfil está aún poniendo a prueba su hipótesis. Luego, tendrá conclusiones y más preguntas para hacerse.

Vuelve a leer el pasaje. Realiza los siguientes ejercicios.

1. ¿Cuáles son los pasos del método científico? **Encierra en un círculo** las frases que evidencian el orden lógico.

2. **Encierra en un recuadro** una oración con la que se muestran detalles concretos que apoyan la investigación.

3. **Subraya** la oración que muestra el tema de este modelo de escrito.

4. Escribe en la línea la doble negación que Sarah usa en el texto.

_____

Nombre _____

iniciar	intrigante	intrínseco	investigador
meticulosamente	roca	excavación	metódico

Escribe una oración completa con cada palabra.

1. iniciar

_____

2. intrigante

_____

3. intrínseco

_____

4. investigador

_____

5. meticulosamente

_____

6. roca

_____

7. excavación

_____

8. metódico

_____

Nombre _____

Lee la selección. Completa el organizador gráfico de secuencia.

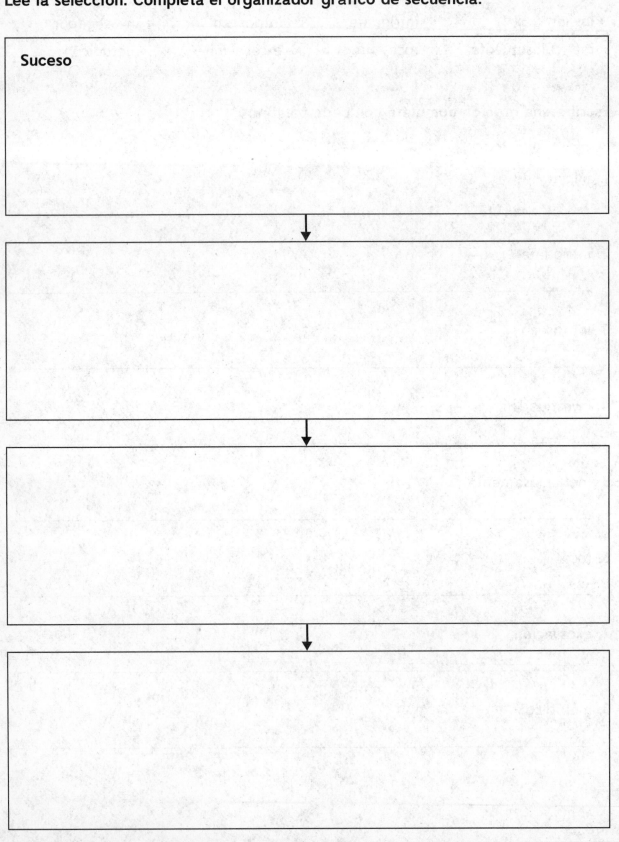

Suceso

Nombre _____

Lee el pasaje. Aplica la estrategia de resumir para volver a contar los puntos más importantes.

La pista de los hilos antiguos

12	Desde lo profundo de una cueva de montaña en Perú, en América
24	del Sur, antiguas piezas de tela han proporcionado a los científicos una
36	idea de cómo eran las vidas de quienes las confeccionaron. Pero ¿cuándo
49	vivieron? Un nuevo método para hallar la edad de un objeto nos puede
62	revelar cuán antigua es la tela. Ahora, los científicos saben que la cultura
	que están estudiando se desarrolló hace 12,000 años.

70 **Un nuevo tipo de experimento**

75	Durante mucho tiempo, los arqueólogos no contaron con una buena
85	manera de determinar la edad de sus hallazgos. Solo podían comparar
96	objetos encontrados en el mismo sitio y asumir que eran de la misma
109	época. En 1947, el científico Willard Libby estaba interesado en hallar la
121	edad de unos fósiles para un estudio de paleontología. Libby comenzó a
133	pensar en una forma de obtener la edad con precisión. Elaboró una teoría
146	basada en el hecho científico de que las plantas absorben una pequeña
158	cantidad de carbono-14. El carbono-14 disminuye con el tiempo. Mediante
168	la lógica, Libby infirió que podría determinar por cuánto tiempo una
179	planta había estado muerta midiendo la cantidad de carbono-14 que le
190	quedaba. Llamó a este proceso "datación por carbono". Gracias a Libby,
201	los científicos pueden hoy estar más seguros de la edad de sus hallazgos.
214	En la década de 1980, los arqueólogos hallaron signos de que seres
226	humanos habían habitado esa cueva en Perú. Usaron datación por carbono
237	para hallar la edad de huesos y carbón vegetal hallados en el lugar. Se
251	demostró que esos objetos tenían alrededor de 12,000 años. La evidencia
262	era importante. Quedaba claro que los seres humanos habían estado en las
274	montañas cerca de Perú poco tiempo después de que terminara el último
286	periodo glacial, hace aproximadamente 12,500 años.

Nombre _____

Datación más avanzada

Los arqueólogos también hallaron piezas de cuerda e hilos tejidos dentro de aquella cueva. Hallaron piezas de tela finamente tejidas y mucho material vegetal utilizado para tejer. A partir de este hallazgo, los arqueólogos pudieron determinar que una cultura avanzada había pasado por la cueva. Sin embargo, desconocían cuán antiguas eran las muestras. Los científicos sabían que los seres humanos habían estado en la cueva en algún momento, pero no sabían cuándo y, por lo tanto, nadie podía asegurar si las piezas de tela habían sido abandonadas hacía 100 años o hacía 12,000 años.

Las pequeñas piezas de tela no habían sido comparadas con las otras muestras de la cueva por una razón. Durante mucho tiempo, la prueba de carbono no era confiable con fragmentos pequeños. Finalmente, en

La cueva Guitarrero se encuentra en Perú, en América del Sur. Las fibras halladas en la cueva fueron abandonadas hace 12,000 años.

2011, un método más avanzado de datación con carbono fue utilizado con las piezas de tela. Esta técnica puede determinar la edad de, incluso, un cabello. Los arqueólogos comprendieron finalmente que las piezas de tela también tenían 12,000 años. Ahora, los científicos saben que fueron seres humanos prehistóricos los que las confeccionaron.

Luego de conocer la edad de las muestras, los científicos pudieron saber más sobre quienes pasaron por la cueva. Investigadores anteriores pensaban que los seres humanos iban a la montaña a buscar alimento. Los cazadores eran, seguramente, hombres. A partir de lo que se conoce sobre otras culturas, los científicos creen que las mujeres pudieron haber sido las que confeccionaron la tela. Esto indicaría que las mujeres también habrían ido a las montañas y permanecido allí lo suficiente como para confeccionar la tela. Tal vez los hombres cazaban mientras las mujeres tejían en la cueva.

Las nuevas formas para datar restos arqueológicos han conducido a los científicos a nuevas conclusiones sobre la antigüedad. La datación con carbono les ha brindado a los científicos una manera de vislumbrar el pasado, como si fuera un telescopio con el que observar a través del tiempo. Al descubrir cuándo se confeccionó algo, los científicos pueden saber más sobre épocas anteriores de la historia.

Nombre _____

A. Vuelve a leer el pasaje y responde las preguntas.

1. Mira el primer párrafo de "Un nuevo tipo de experimento". Describe la secuencia de eventos previos al descubrimiento de Willard Libby. ¿Qué palabras conectoras te ayudan a seguir la secuencia?

   _____

   _____

   _____

   _____

2. ¿Cuánto tiempo después de que Libby descubriera la datación por carbono los arqueólogos hallaron signos de que seres humanos habitaron en la cueva?

   _____

   _____

   _____

3. Haz una lista de la secuencia de pasos que siguieron los arqueólogos para investigar sobre las personas que vivieron en la cueva en Perú.

   _____

   _____

   _____

   _____

B. Trabaja con un compañero o compañera. En voz alta, lean el pasaje durante un minuto. Presten atención al fraseo. Completen la tabla.

	Palabras leídas	–	Cantidad de errores	=	Palabras correctas
Primera lectura		–		=	
Segunda lectura		–		=	

Nombre _____

La gruta de Niaux: una galería de arte prehistórico

La gruta de Niaux, que se encuentra en los Pirineos, al sur de Francia, es famosa por sus muros con pinturas prehistóricas. La entrada de la gruta se encuentra a gran altura en la ladera de una montaña. Los científicos creen que, como el entorno creó un clima cálido, la gruta albergó animales y humanos al final de la última era de hielo. En 1906, se descubrió en la pared de la galería central de la gruta una serie de dibujos: tres bisontes, un caballo y una comadreja. En 1971, un primer grupo de científicos estudió los dibujos. Se utilizó un proceso llamado "datación radiocarbónica" para calcular su edad. Con este proceso se analizó el carbón utilizado en las pinturas y se confirmó que tenían al menos 14,000 años de antigüedad.

CAROLUS/Pixtal/agefotostock

Pintura prehistórica de la gruta de Niaux, en Francia.

Responde las preguntas acerca del texto.

1. Enumera dos características del texto expositivo que se encuentren en el texto.

_____

_____

2. ¿Qué actividad realizada a lo largo del tiempo se describe?

_____

_____

3. ¿De qué modo permite la foto visualizar una idea presente en el texto?

_____

_____

Nombre _____

A. Lee cada oración. Lee el significado de las partes de la palabra. Luego, escribe la definición de la palabra en negrilla.

1. Los **arqueólogos** pudieron determinar que una cultura avanzada había pasado por la cueva.

   arqueo = antiguo; *logo* = estudio

   _____

2. El científico Willard Libby estaba interesado en hallar la edad de unos fósiles para un estudio de **paleontología**.

   paleo = prehistórico; *logo* = estudio

   _____

3. Esa **técnica** puede determinar la edad de, incluso, un cabello.

   techne = habilidad

   _____

4. La datación con carbono les ha brindado a los científicos una manera de vislumbrar el pasado, como si fuera un **telescopio** con el que observar a través del tiempo.

   tele = lejos; *scopio* = observar

   _____

B. Escribe palabras que tengan las siguientes raíces. Si es necesario, usa un diccionario.

1. *tele* _____

2. *tecno* _____

3. *logia* _____

Nombre _____

A. Lee el siguiente borrador. Las preguntas te servirán para pensar cómo seleccionar palabras de orden cronológico para mostrar la secuencia o los pasos del proceso.

Borrador

Mariana quería pintar su escritorio. Preparó el lugar poniendo papel de periódicos en el piso. Lijó el escritorio. Limpió la superficie con dedicación. Dejó que el escritorio se secara. Empezó a pintar.

---

1. ¿Qué palabras o frases de orden cronológico usarías para mostrar qué fue lo primero que hizo Mariana para preparar su lugar de trabajo?

2. ¿Qué palabras o frases de orden cronológico podrías usar para aclarar el orden de los siguientes pasos de Mariana para preparar el escritorio?

3. ¿Qué palabras o frases de orden cronológico podrías agregar en el párrafo para identificar lo último que hizo Mariana?

B. Ahora, revisa el borrador y agrega palabras y frases de orden cronológico que les sirvan a los lectores para entender mejor el orden de los pasos del proceso.

_____
_____
_____
_____
_____
_____
_____

Nombre _____

El estudiante que escribió los párrafos de abajo usó detalles de diferentes fuentes para responder a la instrucción: *En "El caso de las vasijas rotas", el protagonista resuelve el misterio de las vasijas que se rompían en los templos.* Caral *cuenta la historia de una antigua civilización sudamericana, y en ella también hay misterios. Explica cómo se resolvieron algunos de los misterios de* Caral.

La antigua Ciudad Sagrada de Caral, en el valle de Supe, mantuvo sus misterios enterrados bajo arena y rocas durante miles de años. La arqueóloga Ruth Shady Solís sentía intriga por los montículos que había allí. Se preguntaba cómo eran las edificaciones y cuándo se habían construido. El lugar representaba un misterio para ella. En 1996 comenzaron las excavaciones. Las capas de arena y piedra comenzaron a desaparecer. Luego, la arqueóloga pudo vislumbrar las edificaciones de esta antigua civilización.

Después, además de las edificaciones, el grupo de arqueólogos que trabajaba en el lugar encontró otras evidencias. Había ductos de ventilación subterráneos y herramientas hechas de diferentes materiales, como madera, piedra y hueso. También encontraron elementos de uso cotidiano y ceremoniales. Sin embargo, lo que llamó la atención a Solís fue lo que no encontró en Caral: ningún objeto de cerámica. Este material había comenzado a realizarse en Perú tres mil seiscientos años atrás. Finalmente, tras enviar a analizar algunas muestras a algunos laboratorios, se pudo explicar el porqué de la ausencia de cerámica en Caral: ¡esta había sido construida hacía casi cinco mil años!

Los arqueólogos trabajan resolviendo misterios del pasado.

Vuelve a leer el pasaje. Realiza los siguientes ejercicios.

1. ¿Cuál es el tema del modelo de escrito? **Encierra en un círculo** la oración que introduce el tema.

2. **Encierra en un recuadro** las palabras de orden cronológico que se usan para describir la secuencia de los eventos.

3. **Subraya** detalles y hechos específicos que apoyan el tema.

4. Escribe en la línea una preposición y la frase preposicional que esta introduce que Amanda usa en el texto.

   _____

   _____

Nombre _____

| soñar | incentivo | recreación | libremente |

Completa cada oración con la palabra que se indica.

1. **(incentivo)** Mi madre me dijo que podía ir al teatro _____

_____ .

2. **(soñar)** Cuando una persona fantasea mucho se dice que _____

_____ .

3. **(recreación)** Después de hacer la tarea _____

_____ .

4. **(libremente)** En el examen algunas preguntas eran de respuesta múltiple, pero

en otras _____ .

Nombre _____

Lee la selección. Completa el organizador gráfico de tema.

Detalle

↓

Detalle

↓

Detalle

↓

Tema

Nombre _____

Lee la oda. Hazte preguntas sobre el tema y el mensaje
del poema para verificar que lo comprendes.

Oda a Lincoln

	Lo veo sentado en su silla de mármol,
8	de mármol sus brazos, de mármol sus manos,
16	fuertes, firmes, como la tierra misma, y pienso
24	que esas manos moldearon la nación
30	y acunaron la democracia, suavemente,
35	como la luz del alba sobre un campo de batalla.
45	¿Cómo pudo un hombre solo
50	no claudicar ante esa enorme carga?
56	Veló por la libertad de todos,
62	sin importar su color, su raza, su credo;
70	sin importar la cadencia de su canción.
77	Veló por oportunidades para todos.
82	Siguió el sendero que se había trazado,
89	sin vacilaciones, sin desvíos,
93	como las estrellas siguen en el cielo su camino.
102	Atrás han quedado las inquietudes, señor Lincoln,
109	que lo arrastraron a tantas noches de desvelo,
117	tan pesadas como altas montañas, y tantas
124	como los copos de nieve que cubren un camposanto.
133	La Unión que tanto ansiaba ha perdurado
140	mucho más de ocho décadas y siete años;
148	descanse hasta el fin de los tiempos
155	y deje volar libres sus pensamientos.

Photodisc/Punchstock

Nombre _____

Vuelve a leer el poema y responde las preguntas.

1. ¿Cuál es el monumento nacional al que se refiere el poeta en las primeras líneas?

_____

2. ¿Qué versos describen los logros de Lincoln?

_____

_____

_____

_____

3. ¿Qué significa la frase "Atrás han quedado las inquietudes, señor Lincoln"?

_____

_____

4. ¿Qué tema o mensaje sobre Lincoln quiere comunicarle el poeta al lector?

_____

_____

B. Trabaja con un compañero o compañera. En voz alta, lean el pasaje durante un minuto. Presten atención a las expresiones y el fraseo. Completen la tabla.

	Palabras leídas	–	Cantidad de errores	=	Palabras correctas
Primera lectura		–		=	
Segunda lectura		–		=	

Nombre _____

A un artista

La ciudad titila, se llena de luces
desborda de camiones, autos y autobuses,
de peatones que recorren las calles apurados,
distraídos, en sus asuntos enfrascados.
Allí van, hormigueando en las veredas.
Allí van, caminando a la carrera.
En una esquina, pincel en mano, un artista,
estatua muda, agudiza la vista.
Una pincelada y el instante atrapa:
belleza en el lienzo; los demás, pasan.

Responde las preguntas acerca del texto.

1. ¿Cómo sabes que el texto es un poema lírico?

_____

_____

_____

_____

2. ¿Cómo sabes que este texto es también una oda?

_____

_____

3. ¿Qué repetición puedes encontrar en el poema?

_____

4. Elige una imagen poderosa del texto. ¿Qué mensaje crees que
   quiere comunicar el poeta con esa imagen?

_____

_____

Nombre _____

> La **repetición** es la reiteración de una palabra o frase. Los poetas usan la repetición para hacer énfasis en una idea y darle ritmo al poema.
>
> El **simbolismo** es el uso de imágenes para crear escenas nítidas en la mente del lector.

Lee los siguientes versos de la oda y responde las preguntas.

Lo veo sentado en su silla de mármol,
de mármol sus brazos, de mármol sus manos,
fuertes, firmes, como la tierra misma, y pienso
que esas manos moldearon la nación
y acunaron la democracia, suavemente,
como la luz del alba sobre un campo de batalla.

1. Busca un ejemplo de repetición en el poema. Escríbelo.

   _____

   _____

2. Busca dos ejemplos de simbolismo en el poema. Escríbelos.

   _____

   _____

3. ¿Qué efecto tienen la repetición y el simbolismo en el poema?

   _____

   _____

   _____

4. Escribe un breve poema sobre alguien que admires. Incluye repeticiones y simbolismo.

   _____

   _____

   _____

Nombre _____

Lee cada pasaje y presta atención a la hipérbole en negrilla. Luego, determina si el significado de la frase a continuación corresponde con la hipérbole. Si no corresponde, escribe tú mismo el significado correcto.

1. Lo veo sentado en su silla de mármol,
   de mármol sus brazos, de mármol sus manos,
   fuertes, firmes, como la tierra misma.

   Las manos de la estatua son de tierra.

   ☐ Verdadero   ☐ Falso

   _____

   _____

2. Siguió el sendero que se había trazado,
   sin vacilaciones, sin desvíos,
   como las estrellas siguen en el cielo su camino.

   Abraham Lincoln tenía convicciones muy profundas; nunca se apartaba de ellas. Siempre defendía sus creencias y objetivos.

   ☐ Verdadero   ☐ Falso

   _____

   _____

3. Atrás han quedado las inquietudes, señor Lincoln,
   que lo arrastraron a tantas noches de desvelo,
   tan pesadas como altas montañas, y tantas
   como los copos de nieve que cubren un camposanto.

   A causa de las preocupaciones, Abraham Lincoln tenía pesadillas.

   ☐ Verdadero   ☐ Falso

   _____

   _____

Nombre _____

A. Lee el siguiente borrador. Las preguntas te servirán para pensar palabras con connotaciones que expresen con mayor exactitud los sentimientos del narrador.

Borrador

Me gusta ver las nubes avanzando en el cielo. Parecen un buen lugar para acostarse a leer un libro o a dormir la siesta.

---

1. ¿Por qué las nubes parecen un buen lugar para acostarse a dormir la siesta o a leer un libro? ¿Qué palabras te hacen pensar en un lugar relajante?

2. ¿Qué se sentirá estar acostado en las nubes? ¿Qué palabras podrían expresar mejor los sentimientos del narrador al acostarse en las nubes?

3. ¿Cómo describirías el tiempo pasado en las nubes? ¿Qué palabras transmiten mejor el tipo de experiencia que el narrador puede tener en las nubes?

B. Ahora, revisa el borrador y agrega palabras descriptivas con connotaciones que describan con precisión y claridad los sentimientos del orador.

_____

_____

_____

_____

_____

_____

_____

_____

Nombre _____

El estudiante que escribió los párrafos de abajo usó detalles de diferentes fuentes para realizar la indicación: *Escribe un poema lírico sobre la importancia de tomar un descanso: descansar, pensar, soñar.*

Muchos días estoy ocupado:
escuela, estudio y mandados;
para básquetbol debo practicar
y las tardes con mis amigos me
gusta pasar.

Estar ocupado a mí me gusta.
Me siento como en las alturas.
Pero cuando el tiempo se acumula
comienza a dolerme la cintura.

Ahí es cuando me detengo;
para descansar, recuperar el aliento.
Cierro los ojos, escucho el silencio.
Meditar no es perder el tiempo.

Me encanta cuando no tengo
absolutamente nada que hacer.
En mi cabeza crecen ideas,
todas interesantes, no se puede creer.

Tengo tiempo para observar
con los ojos abiertos de mi mente
cómo la lentitud me llena
y la preocupación desciende.

Así que cuando me veo envuelto
en un espiral de preocupaciones,
me detengo. Me aburro.
Y descanso entre almohadones.

Vuelve a leer el pasaje. Realiza los siguientes ejercicios.

1. **Encierra en un círculo** un ejemplo de lenguaje figurado.

2. ¿Qué siente el narrador al no tener nada que hacer? **Encierra en un recuadro** las palabras que el narrador usa para mostrar sus sentimientos.

3. ¿Cómo usa el narrador el lenguaje sensorial? **Subraya** un ejemplo.

4. Escribe en la línea un ejemplo de cómo Russel pudo haber combinado dos oraciones para evitar la repetición.

_____

_____

_____